U0857801

推动山东新旧动能转换研究

迟树功　主编

山东大学出版社

图书在版编目(CIP)数据

推动山东新旧动能转换研究/迟树功主编. —济南：山东大学出版社，2019.9

ISBN 978-7-5607-6428-3

Ⅰ.①推… Ⅱ.①迟… Ⅲ.①区域经济发展—研究—山东 Ⅳ.①F127.52

中国版本图书馆 CIP 数据核字(2019)第 196335 号

责任策划：姜　明
责任编辑：李艳玲
封面设计：张　荔

出版发行：山东大学出版社
　　社　址　山东省济南市山大南路 20 号
　　邮　编　250100
　　电　话　市场部(0531)88363008
经　　销：新华书店
印　　刷：山东新华印务有限责任公司
规　　格：720 毫米×1000 毫米　1/16
　　　　　9.5 印张　130 千字
版　　次：2019 年 9 月第 1 版
印　　次：2019 年 9 月第 1 次印刷
定　　价：28.00 元

前　言

当前，我国经济已进入由高速增长转向高质量发展的新阶段，同时也进入了新旧动能转换的攻关期。这就必然要求推动经济发展的动力变革、效率变革和质量变革，实现以动力变革提高全要素生产率，促进并实现效率变革和质量变革，亦即在大力推动新旧动能转换中释放资源活力、激发增长新动力，集中表现为以新技术、新产业、新业态、新模式促进产业智慧化、智慧产业化、跨界融合化、品牌高端化，改造提升传统产业，发展壮大新兴产业尤其是战略性新兴产业，推动产业迈向中高端，推进“中国制造”变为“中国智造”，“中国速度”变为“中国质量”，“中国产品”变为“中国品牌”“世界品牌”，从而提升供给体系质量、消费需求质量等，不断满足人民日益增长的美好生活需要。

作为一个经济大省，山东正向经济文化强省迈进，这一过程也正是推动新旧动能转换的过程、追求高质量发展的过程，山东应在推动高质量发展中走在全国前列。实现这样的目标任务，必须充分发挥新旧动能转换的作用，改造提升传统产业，发展壮大新兴产业，培育出推动高质量发展的新动能，推动经济发展方式的根本转变，不断优化经济结构，全面提高产品质量、服务质量、工程质量和环境质量，实现供给质量的不断提升，迈上产业链、价值链的中高端，不断提质增效，保持经济健康持续发展，并为我国经济发展做出应有的贡献。

山东省重大经济理论和经济发展研究基地和中共山东省委党校（山东行政学院）新旧动能转换研究中心联合组织专家学者围绕推动山东新旧动能转换问题进行了深入的研究，并形成了《推动山东新旧动能转换研究》一书。第一章由李爱霞撰写；第二章由姜珲撰写；第三章由郭存德撰写；第四章由王占益撰写；第五章由孙学立撰写；第六章由王培伟、赵祥刚撰写；第七章由满新英撰写；第八章由杨慧华撰写；第九章由刘长利撰写；第十章由徐建军撰写。为深化对山东新旧动能转换问题的研究，参与编写的专家学者还围绕山东新旧动能转换问题进行了长期的调研，并组织相关的讨论，使研究更具针对性。本人参与了许多章节的撰写，对该书进行了统稿，并作了全面系统的修改。编写过程中参考了一些专家学者的研究成果，在此向各位专家学者表示真诚的感谢。

作　者

2018 年 11 月

目 录

第一章　新旧动能转换的现状及制约因素分析

——以济宁市为例

中共山东省第十一次代表大会报告提出:“必须牢牢抓住供给侧结构性改革这条主线,把加快新旧动能转换作为统领经济发展的重大工程。”这是向全省发出的动员令,我们必须认真思考“加快新旧动能转换,各地怎么办”这个重大课题。为此,我们围绕山东部分地区新旧动能转换的现状作了调查和研究,深入分析了制约因素,并为新旧动能转换提供路径选择。这里以济宁市为例来说明。

第一节　新旧动能转换的现状

近年来,山东各地加速推动新旧动能转换,取得了明显的成效,但也有一些亟待解决的问题。

一、新旧动能转换取得一定成效

新旧动能转换取得的成效主要表现为以下几个方面：

1."新技术"推动传统产业转型升级

近年来，一批传统优势企业通过科技创新实现转型升级。例如：如意集团的精纺呢绒的多项技术填补了国内外空白，综合竞争力和主营业务收入居中国纺织服装企业竞争力500强第1位；山推工程机械股份有限公司研制的900马力以上推土机打破了国外对大马力推土机市场的垄断地位，研制的国内首台无人驾驶遥控推土机，实现了推土机行业无人驾驶技术的重大突破；山东太阳纸业股份有限公司推出世界上第一张"无添加"生活用纸，多项新技术、新工艺填补国内相关领域空白，发展成全国最大的涂布包装纸板生产基地。另外，辰欣药业股份有限公司、山东宏河矿业集团有限公司、山东晶导微电子股份有限公司、山东泰丰液压股份有限公司、山东中煤工矿集团等企业均在科技创新方面取得一定突破。

2."新产业"快速成长

最近十年，济宁煤电产业增加值由2007年的40.5%下降到2016年的27.93%；与此同时，电子信息、新能源、新材料等新产业快速成长。一是信息产业成为济宁市经济发展的新动能和资源型城市战略转型的突破口。以济宁高新区、任城区为核心区，以济宁经济开发区电子材料、曲阜物联网等园区为重点，"一核多园"集群发展的产业布局基本形成。二是以太阳能光伏、LED新光源、动力电池为主导的新能源产业快速发展，润峰集团多晶硅光伏电池光电转化率处于国内领先水平。三是石墨烯、稀土等新材料产业化速度加快，金乡化工园区规划被确定为省级新材料产业园区。四是文化旅游深度融合。曲阜文化建设示范区被列入国家“十三五”规划。干部政德教育在全国影响力越来越大，辐射带动旅游业加快发展。

3.“新业态”和“新商业模式”不断涌现

目前，济宁市政府将电子商务作为“一把手工程”，要求各级领导带头学、亲自抓、负总责，推动全市电子商务“弯道超车”。2016年，济宁市电子商务经营额已突破1000亿元；2017年上半年，全市电子商务交易额突破500亿元，增长速度突破50%。济宁各县（市、区）涌现出一批有知名度的电子商务品牌，电商平台、园区以及农村电商也在蓬勃发展。例如，中煤集团自主开发运营了国内首个工矿机械行业跨境B2B电商平台——亿矿网，成功由传统销售模式转型为现代销售模式。如意集团架构了“互联网＋智能制造＋个性化定制”纺织服装发展模式，实现了生产集成互联、智能管理、实时监控和智能分析。

二、新旧动能转换面临的主要问题

新旧动能转换处在攻关期，仍面临诸多问题与挑战。

1.“新技术”整体仍然处于较低水平

如2015年济宁市研发经费仅占GDP的1.78%，低于全省平均水平（2.27%）0.49个百分点，居全省第13位，仅高于枣庄、日照、德州、菏泽。济宁市第三次经济普查显示，全市开展研究与试验发展活动的规模以上工业企业有171个，仅占全市规模以上工业企业的8.75%。多数企业没有正规研发机构，没有研发人才，没有研发活动，仅停留在加工组装环节。引进技术和装备仍是推进产业升级的主渠道。

2.“新产业”发展滞后

济宁市长期以传统的生产加工型企业为主，信息、新能源、新材料等新兴产业处于初创和成长期，新旧动能转换出现“断裂”。2016年，济宁市高新产业产值占规模以上工业的比重上升为29.9%，比山东省平均水平低3.9个百分点，居全省第9位，与济宁市整体经济在全省的排名水平不相适应。虽然济宁市是山东省信息技术产业基地，但信息技术产业尚未形成规模，对经济的辐射带动作用不强。另外，现代服务业发展缓慢，传统服务业依然占据主导地位。2016年，交通运输仓储业和邮政业营业收入占规模以上服务业的48.1%，信息服务业、租赁和商务服务业、科技服务业营业收入占比分别为17.6%、16.1%、7.3%，其他六个行业门类规模占比均不超过5%。

3.“新业态”和“新商业模式”尚未形成规模

从电子商务看，全市存在电商品牌偏少、影响力度偏低、县(市、区)电商发展不平衡等问题，和发达地区相比存在一定差距。分地区看，济宁高新区和邹城市依然是全市电子商务平台发展的高地，2018年上半年分别实现平台交易额139亿元、413.7亿元，两地交易额合计占全市的比重高达99.4%。另外，全市信息化与工业化融合不够，运用物联网、工业机器人等信息技术嫁接改造传统产业的步伐不快，智能化产品占比低。一些企业虽已在转型的路上或开始涉足新业态，但新业态短时间未出效益。

第二节　新旧动能转换的制约因素

目前，新旧动能转换主要遇到以下制约因素：

一、观念制约

制约新旧动能转换的一大障碍是观念陈旧，集中表现为保守意识突出，缺乏敢为天下先的精神，往往是稍进则满，追求“四平八稳”；“官本位”思想十分严重，年轻人以考公务员为荣，认为体制内的工作才是“铁饭碗”，亲商爱商的社会舆论氛围远未形成。另外，机关、事业单位和企业收入分配差距的拉大，垄断行业和非垄断行业收入分配差距的拉大，使得各领域人才更愿意去机关、事业单位和垄断行业，不愿意去企业发挥聪明才智。

二、人才制约

没有人才，即便投入再多的资金也无用武之地。东北三省之所以发展落后，人才净流出是重要原因之一。济宁市目前只有三所大学，靠大学吸引人才的力度不够，而外出上大学的毕业生即便回家乡就业，也倾向于选择机关和事业单位，或者银行、通信等垄断型行业，较少选择去企业工作。一些企业虽有创新理念，但苦于没有人才而难以发展壮大。

三、成本制约

调研中发现，部分实体企业新旧动能转换存在着不想转、转不动、转不成的困难和瓶颈，成本高是重要的原因。一是税费压力大，制造业增值税税率达17%，一般企业所得税税率为25%，加上各种其他收费，企业的综合税费负担较重。二是社会保险费高。根据目前的社保政策，绝大部分企业“五险一金”的缴纳比例都在工资总额的40%以上。在经济下行、成本增加的压力下，一些企业存在“不缴社保”“迟缴社保”或“基数不足”的现象。三是融资成本高。融资难、融资贵问题一直是限制企业发展的一大障碍，即便有新的项目也难以运行。经营成本高使企业没有也难以成为创新的主体，在新旧动能转换中出现了“企业走在政府之后”的情况。

四、制度制约

观念、人才和企业的制约，均源于制度的制约，制度是制约新旧动能转换的关键。我国南北方的差距之一，就是制度的差距。北方以政府主导型为主，南方以市场主导型为主。政府主导意味着政府直接掌控资源，在土地、资本等重要经济资源配置上起决定性作用；企业为了一个项目，就要千方百计地与政府搞好关系，直接导致企业制度性成本的增加，而且难以形成亲清的官商关系。政府主导还使得国有企业在关键性领域如石油、电信、金融等行业处于垄断地位，民营企业难以进入，从而制约了其自身发展。

第三节　努力推进新旧动能转换

目前，济宁市新旧动能转换虽取得一些进展，但旧的动能仍然在惯性运作，远未形成以新动能支撑经济发展的新格局，实现凤凰涅槃仍任重而道远。如何形成新旧动能转换的长效机制，培育经济增长的“乘数因子”，是必须从理论和实践上解决的问题。

一、推进观念创新，营造新旧动能转换的良好氛围

1.彻底摒弃与创新不协调的旧思想、旧观念

如果不从思想观念上彻底打破过去固有的模式，新旧动能就难以实现转换。因此，必须彻底清理与创新不协调的旧思想、旧观念，摒弃传统文化中不利于创新、害怕冒尖、害怕冒险的保守观

念，要鼓励创新、创造、创业，要能容忍失败。

2.尽快营造大众创业、万众创新的社会氛围

当今时代，仅靠少量高端人才、少数大企业带动经济发展是远远不够的，需要全社会的积极参与；没有全社会创新意识的觉醒和创新活力的迸发，新旧动能转换不可能真正实现。因此，要让创新理念深入人心，让创新的人更受尊重，收入分配上体现得更充分，尽快形成大众创业、万众创新的社会氛围。

3.充分发挥领导干部的带头作用

观念创新，要从领导干部开始。党的十八届六中全会明确指出，党的各级组织要旗帜鲜明为敢于担当的干部担当，为敢于负责的干部负责。要贯彻落实这一要求，就应出台容错免责政策。应加大宣传力度，通过建立容错免责机制，为干部大胆创新、主动担当提供保障，最大限度地激发干部干事创业的激情和活力。

二、强化人才政策，增强新旧动能转换的智力支撑

推动新旧动能转换，人才是关键。要想实现产业新旧动能转换，首先要拥有大量创新型的人才。要紧紧围绕区域经济发展的实际，设计和制定出持久性人才政策，搞好人才管理改革试验区，尽快形成人才净流入的局面。

1.完善人才引进政策

一是把引进重点放在国内知名的高层次专家、重点学科带头人和急需的高技能人才上；引进一个领军人物、团队，可以带动一批重大项目入驻，培育形成一个新的产业。二是加大对本科以上学历的人才引进力度。近年来，为了吸引更多的人才扎根本地，成都、长沙、合肥和济南等地频频出台人才引进利好政策，对当地经济发展都产生了积极的影响。三是推动人才向企业流动。人

才不向企业流动，企业难以确立主体地位。因此，要引导企业采取措施吸引人才、留住人才，努力缩小与机关、事业单位的各种差距，特别是收入差距。

2. 充分发挥企业家的创造力

企业家是企业的统帅和灵魂，是改革创新的重要力量，也是推动新旧动能转换的主力军，要理解、尊重、爱护和支持企业家。一是重视对企业高层管理人员的培训，既可将相关领域专家、学者、成功企业家“请进来”，也可组织管理人员“走出去”，积极参与相关培训。二是完善民营企业家的政治参与机制。要为民营经济和民营企业家创造平等的政治和政策环境，为民营企业家合理、顺畅地表达政治愿望、政治诉求提供平台。三是依法保护企业家的创新收益和财产权，培养造就一大批勇于创新、敢于冒险的创新型企业家。

3. 大力引进知名大学和科研机构

高校、科研机构可以为当地的经济、社会发展提供人才支撑，这已是不争的事实。济宁市应加快发展教育事业，并做好配套服务工作，更好地推动本地经济转型发展。

三、强化企业的主体地位，让企业真正成为新旧动能转换的主体

改革开放以来，深圳的发展日新月异，其创新模式坚持“4 个 90%”：90%的研发机构、90%以上的研发投入、90%以上的研发人员在企业、90%的发明专利出自企业。由此可见，企业是创新主体。加快新旧动能转换，必须强化企业的主体地位。

1. 加快构建以企业为主导、产学研合作的产业技术创新体系

一是推进“互联网＋产学研”相结合，依靠网上力量推动企业和科研院所的合作。二是推动政府组建一个以科技创新为主的

公共服务机构，主要职责是为企业和科研院所搭建一个沟通桥梁。如：有些企业可以将发展中遇到的科技难题交由该机构，由该机构负责联系科研院所，通过这种机制，实现产学研的有效合作。

2. 加大知识产权保护力度

产权保护的意义在于：一方面，它可以让企业家积极发挥聪明才智，设定创新、转型的目标和计划；另一方面，它可以预防抄袭者和造假者分食市场和利润。如果政府不能有效地保护知识产权，企业的研发投资就很难完全回收，企业就缺乏创新的积极性。因此，要加大知识产权保护力度。

3. 建立多元化的创新金融支持体系

以美国金融市场为例，从早期的天使基金，到中期的风险投资 VC，再到后期的私人股权基金 PE，美国已形成了支持创新的金融产业梯队，成功实现了技术与资金的“嫁接”。因此，要加快科技金融的发展，建立多元化的金融创新支持体系。

四、加快体制创新，构建新旧动能转换的新体制

与推动新旧动能转换的政策相比，体制制度创新更为重要。体制制度创新的核心是处理好政府和市场的关系，使市场在资源配置中起决定性作用；同时更好地发挥政府的作用，推动发展模式由“政府主导”向“市场导向”转变。加快体制制度创新，当务之急，应从以下几方面入手：

1. 深化行政体制改革，处理好政府和市场的关系

围绕“放管服”，深化行政体制改革，是新旧动能转换的关键。而“放管服”改革的最终目标之一，就是要持续不断地“优化营商环境”，即营造更有吸引力的国际化、法治化、便利化营商环境，降

低企业制度性成本。这是因为，营商环境就是生产力，环境好了，不仅可以招“财”来，更会引“才”到。一些基层官员习惯于“抓项目”，而加快新旧动能转换，不仅要“抓项目”，更要“造环境”；“抓项目”到“造环境”蕴含着从“计划”向“市场”过渡、由管理型政府向服务型政府转型这一关键的政府职能转变。

2. 深化财税体制改革，在利益分配上处理好政府和市场的关系

我国税制结构不合理，导致企业税负较重，利润空间降低，限制了企业创新的积极性。近两年虽实行了减税政策，但效果不够明显。在经济形势不好的情况下，减税降负十分重要。因此，必须深化财税体制改革，进一步减轻企业税收负担，打出“减税降负”组合拳，使企业在减税方面有实实在在的获得感。

3. 深化国有企业改革，在经营上处理好国有企业和民营企业的关系

以济宁市为例。济宁市 2016 年年底有 136 家国有企业，大型国企有 11 家，净资产收益率为 1.21%，总资产报酬率为 2.37%，国有资本保值增值率为 100.27%，均比较低。科学研究和技术服务企业仅有 7 家，营业收入占比低于 1%。2016 年科技支出为 5870 万元，占全市国有企业营业成本的比重不到 1%。与此同时，2016 年民营经济增加值占 GDP 的比重为 48.7%，低于全省 2.4 个百分点。民营经济显然是济宁经济发展大局中的短板。民营经济是市场经济最富活力、最有创造力的重要力量，中国 75%的技术创新来自中小企业，80%以上的新产品由中小企业开发，65%的专利来自中小企业。因此，要以混合所有制作为新一轮国有企业改革的突破口，通过发展混合所有制，提高国有企业效率，激活民营经济，合力推动新旧动能转换。目前，山推工程

机械股份有限公司等国有企业已经完成或正在进行混合所有制改革，取得一定成效，可继续推广。

五、发展“四新经济”，打开新旧动能转换的总引擎

近年来，上海、江苏、湖北等省市纷纷提出要大力发展“四新经济”。有的地区专门出台了《关于加快发展新经济的若干意见》，有的地区建立起新经济示范区，有的地区专门开设了“四新经济”专题研修班。广东、浙江等地新经济占比达70%，传统经济占比达30%，而山东与之反差巨大。因此，要加快发展“四新经济”，以“四新”促“四化”。

1.加快推动技术创新

技术创新是产业转型和产业创新的基础。为适应新一轮科技革命的需要，更应加快推动新一轮以信息技术为核心的技术创新。目前，山东省新技术多以引进为主，企业比较被动。因此，应进一步增强企业的自主创新能力。

2.加快推动产业创新

山东省的产业多是传统产业，如化工、煤炭、机械、纺织、造纸等，这些产业多存在环境成本高、产能已近饱和、发展潜力小等问题，已不可能再依靠这些产业推动经济实现更大规模扩张。要想实现更高水平的发展，必须通过产业创新寻找新的经济增长点；紧紧抓住政府惠普项目落地的机遇，建设好山东信息技术产业基地，在信息技术产业上获得突破性发展，形成先发优势，从而推动区域经济再上新台阶。

3.加快推动业态创新

“互联网+”最大的特点，就是激活存量经济，推动传统行业的转型升级，且没有制造新的产能过剩。因此，要顺应产业跨界

融合大趋势，加快推进“互联网＋”行动计划，有序推进互联网与经济社会各领域融合发展，如“互联网＋先进制造”“互联网＋现代农业”“互联网＋文化旅游”“互联网＋智能交通”“互联网＋医疗卫生”“互联网＋数字教育”等，提升各行各业创新能力，催生更多经济发展的新业态。

4.加快推动商业模式创新

传统零售模式不仅存在流通环节多、效率低、成本高、经营时间与空间受限等问题，而且存在供需双方信息不对称的问题。因此，要积极引导企业适应互联网时代发展的要求，加快商业模式由 B2C（企业到用户）向 C2B（用户到企业）的转变；支持个人利用网络平台，开展 O2O（在线离线/线上到线下）交易；大力发展分享型经济。分享型经济最大的特点是利用了闲置资源，但同时没有增加新的投入，是一种效率较高的商业模式。因此，应大力发展分享型经济，进一步利用好社会经济资源。

第二章　发挥新旧动能转换先行区的示范带动作用

——以济南市为例

《山东新旧动能转换综合试验区建设总体方案》提出，作为山东新旧动能转换“三核引领”的重要“一核”，济南要高水平规划建设新旧动能转换先行区。山东省第十一次党代会和省政府工作报告都明确提出支持济南加快建设新旧动能转换先行区，并首次将“提高省会城市首位度”写入报告。《济南市新旧动能转换重大工程实施规划》明确指出，“加快建设国家新旧动能转换先行区，打造新旧动能转换主引擎，推动济南实现高质量发展，更好发挥省会城市龙头、领跑、带动、示范、辐射作用”。这对济南来说既是一项重大责任，更是一个千载难逢的重大机遇。济南要抢抓机遇，实现产业的转型升级。

第一节　济南市产业发展现状

近年来，济南市积极转变发展方式，加大供给侧结构性改革力度，深入推进产业结构调整，初步形成了服务经济主体带动、高新技术产业和先进制造业强力支撑、现代都市农业加快发展的现代产业体系，为加快实体经济发展奠定了良好基础。

一、产业发展初具规模

2017年，济南市实现生产总值7201.96亿元。其中，第一产业增加值为317.4亿元，增长3.3%；第二产业增加值为2569.22亿元，增长8.4%；第三产业增加值为4315.34亿元，增长8.2%。三次产业构成比为4.4∶35.7∶59.9。现代服务业发展壮大，占服务业比重达52.2%左右，已形成服务经济为主导的产业结构。规模以上工业增加值增长9.8%，增幅在全省位次创10年来最好水平。规模以上工业利润为381亿元，增长13%；高新技术企业达到1074家，产值比重达到45.2%，居全省第1位，高于全省9.9个百分点。① 战略性新兴产业所占比重稳步增长，先进制造业比重同步提升，其中电子信息制造、交通装备、机械装备等主导产业在全国具备较强的竞争优势，新材料、生物医药等产业蓬勃发展。建设现代服务业强市取得积极进展，信息软件、产业金融、现代物流等领域发展优势突出，“济南服务”品牌影响力不断扩大。

二、重点企业支撑有力

骨干企业引领作用不断增强，有力推动了主导产业加快发展。以新技术、新产业、新业态、新模式为主要特征的新经济亮点纷呈，云计算、大数据、物联网、量子通信等新技术蓬勃发展，新一代信息技术、智能制造、生物医药等十大千亿级产业迅速成长，规

---

① 主要数据参考《2017年济南市国民经济和社会发展统计公报》，济南市人民政府网，2018年4月13日。

模效应和关联带动能力不断增强。共享经济、平台经济、柔性制造等新模式快速发展，电子商务交易额达到 2180 亿元，增长 36%，韩都衣舍、世纪开元等成为行业领跑企业，智汇蓝海互联网品牌孵化模式在全国推广。“四新”经济的不断涌现，为培育新动能、加快新旧动能转换提供了有力支撑。

三、载体建设步伐加快

近年来，围绕城市空间布局调整优化，济南市制定实施了产业布局规划，明确重点产业集聚区发展定位，加大产业整合力度，促进产业集聚发展，推动优势资源和规模企业向符合产业布局要求的园区集中，初步形成了主城区发展服务业、各类开发区和园区发展工业的产业格局。济南高新区充分发挥全市经济建设主战场作用，积极拓展发展空间，创新优化体制机制，依托五大片区加快构建“一区两城两谷”产业格局，综合实力实现跨越提升。明水经济技术开发区升格为国家级开发区，为有效吸引要素资源集聚搭建了更高平台。综合保税区封关运行，成为开放型经济发展的重要平台。新材料产业园等省级开发区功能日益完善，为工业发展提供了良好载体支撑。中央商务区建设全面启动，将成为产业金融、新总部经济、创新创业创意和现代商务服务业的重要载体；汉峪金谷、创新谷等园区建设加快推进，为新兴服务业发展提供了良好平台。

四、创新优势不断增强

济南市是全省科教人才中心，拥有普通高等院校 43 所，高新技术企业 751 家，各类人才总量约 150 万人。[①] 科教资源富集、人

---

① 参见《济南市十大千亿产业振兴计划》，济南市人民政府网，2018 年 8 月 3 日。

力资源雄厚，是国家发改委、科技部确定的国家创新型城市试点，已经初步形成了较具优势的区域创新体系。拥有国家信息通信国际创新园、国家集成电路设计产业化基地、国家超算济南中心、国家重大新药创制平台、国家级创新药物孵化基地等国家级平台载体和重大基础科研设施，入选山东半岛国家自主创新示范区、国家促进科技和金融结合试点城市、国家创新型城市试点、国家小微企业创业创新示范基地城市，已成为全球创新网络的重要节点。不断引入国内外高端科研院所，前瞻性布局建设量子技术研究院，中德技术研究及产业转化中心、中关村领创空间等重大创新平台相继落户。高层次创新型人才加速集聚，"十三五"以来引进院士、高层次专家 140 余人，院士（专家）工作站总数达到 61 个。创新成果不断涌现。2018 年，万人有效发明专利拥有量达到 28.51 件，居全省首位。① 创新资源的快速集聚，为提升创新能力、加快新旧动能转换提供强大动力。

五、服务体系加快完善

围绕"打造四个中心、建设现代泉城"，先后出台了"稳增长 50 条""财政 28 条""供给侧改革 19 条"以及加快区域性金融中心、物流中心、科技创新中心建设的若干政策，为推进产业发展提供了良好政策环境。济南机场跻身千万级大型机场行列，"米字形"铁路枢纽加快优化，"铁公机"多式联运优势突显，服务实体经济能力进一步提高。积极实施各类高端专业人才引进计划，人才规模不断壮大，人才引领支撑经济社会发展的关键作用持续增强。金融服务实体经济能力不断提升，各类金融机构达 502 家，产业

① 参见《济南万人有效发明专利拥有量继续保持全省首位》，大众网，2018 年 11 月 1 日。

金融中心建设全面启动，能够为实体经济发展提供充足的资金资本支撑。全国小微企业创业创新基地城市示范、科技和金融结合试点城市等示范试点建设有序推进，为优化政策制度环境、加快推进创业创新提供了有力支持。

第二节　济南市产业发展存在的问题

近年来，济南经济保持较快增长，经济运行企稳向快、进中向好，结构调整步伐加快，经济增长速度在 15 个副省级城市中位于前列。综观改革开放 40 年来济南市经济的发展历程，在充分肯定成绩的同时，我们也应当看到，与先进城市相比、与“打造四个中心，建设现代泉城”的目标要求相比、与国内同类城市相比，济南还存在较大差距，面临的形势十分严峻。

一、经济综合实力不足，产业聚集辐射能力有待增强

近年来，济南市生产总值增速提高，但总量不大，长期位居全省第 3 位、副省级城市第 11 位。2016 年，规模以上工业主营业务收入仅居全省第 13 位，服务业比重相对较高，但总量较青岛少 1630 亿元。[①] 经济缺乏足够的带动和辐射能力，产业凝聚力和集聚辐射能力不强，成为制约经济圈快速发展的首要问题；与先进城市相比，与“打造四个中心，建设现代泉城”的目标要求相比，济南市产业经济发展还存在较大差距。

① 参见《济南市十大千亿产业振兴计划》，济南市人民政府网，2017 年 4 月 27 日。

二、工业能力不足，产业科技创新能力有待进一步增强

济南市工业规模较小。2017年，济南市工业增加值占生产总值的比重不足30%，远低于全省平均水平；其中重工业占比近80%，高新技术产业产值在省内城市中仅排第8位，主营业务收入过10亿元的企业不足70家，100亿元以上企业仅6家。[①] 为了改变济南市工业发展现状，一方面亟须进一步调整结构；另一方面，工业特别是制造业是科技创新的主战场，应加快推进制造业的转型升级，提高其自身创新能力，为实现跨越式发展提供技术支撑。

三、创新创业氛围不足，产业接续能力有待进一步增强

党的十九大报告指出，当前我国经济已由高速增长阶段转向高质量发展阶段。经济发展阶段的转变必然要带来产业结构的优化升级和产业层次的升级转换，这必然会带来传统产业的淘汰和新兴产业的接续发展等问题，而新兴产业的顺利接续发展必然呼唤良好的创新创业氛围。济南市虽然在发展定位上被赋予了"新旧动能转换的先行者""新兴产业发展的排头兵""体制机制改革的试验田""创新驱动发展的领航区""区域开放合作的新高地"五大定位，但是由于启动速度慢，目前还未有见效；与此同时，传统产业已面临被逐步淘汰的压力，这样就出现了产业接续能力不足的问题。如果新兴产业迟迟不能发挥重点产业的引领作用，那么下一步经济增长动力不足的问题就会愈加明显。

---

① 主要数据参考《2017年济南市国民经济和社会发展统计公报》，http://www.jinan.gov.cn，2018年4月13日。

四、营商环境优化不足，产业洼地效应有待进一步增强

一个地区营商环境的好坏直接影响着企业开办的难易程度、经营成本的高低和贸易便利化程度，不仅对本地的企业发展有着较大的影响，而且良好的营商环境还会形成“洼地效应”，对激发社会创业创新热情，迸发创业创新浪潮，实现“大众创业，万众创新”新气象带来叠加效应。近年来，济南市持续深化“放管服”改革，积极打造“十最”政务环境，工商登记实现“三十一证合一”，信用体系建设应用步伐不断加快，营商环境也越来越好，但离目标和设想还有很大差距，与先进地区相比还有很大差距。

第三节　南方发达城市产业转型升级可资借鉴的经验

总体来说，南京、上海和杭州等地可资学习借鉴的产业转型升级经验如下。

一、产业转型升级需要创新思维和转变思路

南京国家领军人才创业园前身是南京第二机床厂，在机床行业发展难以为继的情况下，南京秦淮区政府创新思维，转变思路，在注重保护第二机床厂原建筑风貌的基础上对其加以改造，注重结合园区功能布局和创业人才需求，力争将其改建成为一个自然风貌与工业遗存融为一体、历史印记与现代时尚相互映衬的创意产业园，全力打造领军人才创业基地和创意设计中心，使原有工业企业在新时期焕发出新的活力。

南京国家领军人才创业园成功的经验主要有：一是坚信高品质的园区才能吸引领军型人才和企业集聚，在设计之初就本着更加突出园区孵化功能，更加注重园区功能内涵、产业集聚和人才集聚，更加专注对科技创新创业人才和企业的孵化，加快建设创意设计中心等平台，着力提升园区的形态、品质、文化和环境。二是注重千方百计吸引人才，秦淮区有效利用南京科技创业创新政策在海外高层次人才中形成的冲击波，远赴美国、加拿大等地，通过举办招才引智推介会等吸引海内外高端人才和品牌企业到秦淮创业发展、共赢未来。目前，园区已集聚南京“321 计划”人才 30 名，国家“千人计划”特聘专家 4 名、省“双创计划”人才 4 名、北京“海聚工程”人才 2 名，国务院特殊津贴人才 1 名；汇聚了 40 余家工业设计和相关研发类企业，其中不乏中国工业设计第一品牌——洛可可，中国云计算设计领军企业——浪潮集团，国家“千人计划”特聘专家潘今一领衔的智能交通设计项目等一批设计领域的佼佼者。三是打造服务平台，提升园区品质。公共技术研发服务平台是高品质园区的“发动机”，是创业人才和在孵企业腾飞的翅膀。南京国创园坚持“政府推动、企业主体、社会参与、市场导向、产学研相结合”的原则，利用园区近 3000 平方米的空间，联合国内知名设计企业，打造在国内具有较强影响力的“创意设计中心”，为创业人才和在孵企业量身定制公共服务、技术支撑、创意导师、人才培训、文创交易和品牌推广等一体化服务。在这里，工业设计与产业无缝对接，上下游企业紧密合作、集聚发展。

二、政府在产业转型升级中应发挥主导作用

市场在资源配置中起到决定性作用，政府在资源要素集聚中起到积极有为的作用。没有政府主动作为，积极推进，很多项目

是无法向前推进的。杭州的“梦想小镇”，就是依托背后政府这只“看得见的手”，才能高效率地向前推进。随着“互联网＋”时代的到来和“大众创业、万众创新”的热潮快速在全国兴起，新一轮的创业热潮已然来临。为此，浙江决定在杭州未来科技城启动建设“梦想小镇”，作为全省100个特色小镇的先行试点。仅仅几个月时间，若干个旧粮仓变成多个互联网众创公司，天使基金纷纷注入金融资本，大学生有了创业的安居之处，配套的商务小镇开始繁华起来了。可见，政府只要认准目标，并将其放在突出位置上来抓，成功的概率就会大大提高，所以政府在产业转型升级的过程中应发挥主导作用，引导产业转型升级的方向和步伐。

三、产业园区通过自身转型升级也可焕发新的活力

规划总面积5.14平方公里的虹桥临空经济园区前身是1993年创立的上海市西工业园区，1996年更名为临空经济园区，2003年在经济园区的基础上将园区定位为“园林式、高科技、总部型”。该园区位于长宁区西侧，毗邻世界最大的虹桥综合交通枢纽。经过20多年渐进式转型发展，凭借虹桥涉外商务区的区位优势、虹桥综合交通枢纽的交通优势、一流的服务与支持创新的环境优势、集聚众多著名企业总部的产业优势，该园区已经成为上海发展现代服务业“黄金走廊”的西部核心，成为连接整个泛长三角地区、长江流域地区的最具活力和辐射力的现代服务业集聚区。虹桥临空经济园区20多年的转型变化证明：一个传统的工业园区可以通过调整转型，适应新的环境，从而焕发新的活力。

第四节　以新旧动能转换先行区建设推进产业转型升级

当前，济南市正处于新旧动能转换的关键阶段，要抓住新旧动能转换先行区建设的机遇，加快培育新动能，加速产业价值链体系重构，推进济南市产业转型升级实现跨越式发展，同时发挥出新旧动能转换先行区的示范带动作用。

一、以特色产业园区建设为抓手推动产业转型升级

济南市肩负着山东新旧动能转换综合试验区建设主引擎的历史使命，必须勇于创新、开拓进取。要以新理念引领新发展，以专业化园区建设作为载体，充分利用好当前新旧动能转换的有利时机，把握机遇，加快培育济南市优势特色产业集群；坚持以科学规划引领特色园区发展，按照济南市提出的“一先三区两高地”的新旧动能转换空间格局，高水平制定园区发展规划，强化每个园区的功能分区、产业布局、服务配套与环境保障。构建“龙头企业—产业链—特色园区—区域性品牌”的产业集群发展新模式，培育有发展潜力的新动能，实现产业转型升级。

一是立足转型发展的实际，对接城市总体规划，按照济南市提出的“一先三区两高地”的新旧动能转换空间格局，集聚创新要素资源，明确各开发园区的产业定位及发展方向，做到园区规划与经济社会发展、土地利用、城乡规划相衔接，实现各园区既特色鲜明，又能错位发展、相互支持的发展格局，引领和促进园区专业化升级。加大园区资源整合力度，积极开展国别合作园、创新创

业园、区域协作园、产业孵化园等园区载体建设，促进产业发展与城市功能同步提升、产业布局与城市建设良性互动。

二是立足产业定位，实施错位发展，坚持以精准招商推动特色园区发展。围绕济南市优势支柱产业和电子信息、生物医药等战略性新兴产业，不断加大招商引资力度，吸引更多的优质资源向特色园区集聚，推动园区从企业集聚向特色产业集聚转变。注重引进龙头企业，本着产业集群、错位发展的原则，开展“龙头项目＋产业配套＋产业基地”的新兴产业招商和“龙头项目＋产业链＋产业集群”的支柱产业招商；紧紧围绕主导产业抓招商、上项目，着力引进产业关联度大、带动作用强的龙头企业和成长性好的大项目，构建“龙头企业—产业链—特色园区—区域性品牌”产业集群发展新模式，培育有发展潜力的新动能，实现产业转型升级。支持各产业园区用好用活政策，抓住产业核心环节和核心要素资源，挖掘促进区域协调发展、产城融合发展、产业联动发展的重大项目。鼓励各产业园区积极参与国内外知名经贸展会活动，形成“引进来”与“走出去”相结合的多元化招商引资格局。探索建立异地落户、业绩分享机制，对跨行政区域落户园区的招商项目，实行引入地和落户地税收、产值、招商业绩共享。

三是坚持以科技创新驱动特色园区发展，加快新型园区建设步伐。高起点、高标准规划一批智慧园区，建设智慧办公、智慧管理、智慧招商、智能环境和智能分析系统，促进开发管理精细化、功能服务专业化和产业发展智能化。鼓励园区企业加大研发投入，支持企业与高校、科研机构开展合作，切实增强企业自主创新能力。坚持聚集技术、资本等创新要素，积极搭建创新平台，加快园区科技平台建设，着力提升园区的发展质量和效益。推动园区运营管理信息系统的集成建设，构建基于互联网的“一站式”园区管理服务模式。建设园区企业服务信息平台，构建线上与线下相结合的多层次企业服务体系。深化制造执行系统、供应链管理、商业智能等的企业集成应用，推动企业数字化工厂建设。推进标准化厂房建设，鼓励建设被动式超低能耗等绿色建筑，打造生态产业园。探索打造“创新街区（地区）”等新型城市产业空间模式，助推新型城市科技园区建设发展。

四是要大力引进创新人才。制定招才引智优惠政策，营造留才用才良好环境，引进一批拥有自主创新成果、善于运作科技资源的创新人才及人才团队。

二、加快培育“四新”经济，实现以“四新”促“四化”

围绕全省“十强”产业及济南市十大千亿级产业，聚焦新技术、紧随新消费、支持大融合、催生新模式，抢占产业发展制高点和主动权，着力营造新技术、新产业加速崛起，新业态、新模式竞相迸发的产业发展生态环境，推动传统产业浴火重生、凤凰涅槃，促进新兴产业扩容倍增、加速崛起。

一要聚焦前沿技术，引领产业变革。以智慧产业化为导向，把握全球科技发展大势，结合济南市信息产业、装备制造、生物医药等优势领域，超前谋划布局第四次工业革命前沿技术，以相关领域的重大技术突破引领产业变革，为新动能培育和旧动能改造提供强大支撑。

二要提升传统产业，加快转型发展。以产业智慧化、智慧产业化、跨界融合化、品牌高端化为引领，支持不同领域、技术、主体相互渗透与交叉融合，强化数字技术、信息技术、智能技术对传统产业的替代和渗透，加强品牌、质量建设，营造“互联网＋”、云计算、新金融快速嫁接、催生形成新经济体的生态环境，全面提升传统产业发展质量和效益。

三要创优发展模式，跃升产业能级。充分发挥省会城市独特的资源禀赋，把握新时代经济发展特征，发展总部经济、枢纽经济、园区经济、会展经济和绿色经济，构建区域性生产组织中枢，提高产业集聚集群水平，重塑产业空间分工体系，增强经济发展可持续动力，促进城市产业发展能级跃升。

三、积极引导投资，实现产业转型升级

当前通过要素投入增强经济动能的空间仍然很大，经济增长还是要依靠大量的、高质量的投资才能实现，这其中就要发挥好投资的关键作用；关键要积极采取有力措施，解决好"投什么""谁来投""怎么投"的问题，引导投资方向，提高投资效率，做到精准有效地投资，从而实现培育新动能，推动产业转型升级。

首先，创新财税激励机制，增强引导带动功能。用足用好国家赋予的新旧动能转换试验税收政策，转变财政资金使用方式，放大财政资金使用效果，深化投融资体制改革，让有限的财税资源发挥最大的引导和激励作用，为新旧动能转换提供强大支撑。

其次，深化投融资体制改革。加快建立企业主导投资市场、融资渠道丰富畅通、政府服务灵活高效、监管适度科学的新型企业投资管理体制。深化政府投资体制改革，加快由财政拨款向财政投资转型，明确投资范围，优化投资安排方式，完善投资决策、管理与监督机制。

最后，围绕补短板、调结构、增后劲、惠民生，继续向农业水利、保障性安居工程、重大基础设施、生态建设、民生等领域和地区倾斜，要发挥预算内投资的引导作用，加强与政策性金融、债券、基金、保险等资金的协调配合，把投资和融资更好地结合起

来，统筹推进。

四、以深化改革为突破口，进一步优化营商环境

营商环境是区域经济软实力和竞争力的重要体现，不断优化营商环境是一个地区提升综合竞争力的关键，也是促进一个地区经济社会发展的永恒主题。

一是不断优化政务环境，进一步明晰部门职责。提高政府行政审批、市政公共部门的办事效能，简化审批环节，优化审批程序，缩短审批时限。加快网上审批步伐，划清部门职责，规范市场行为，避免相互扯皮或争权夺利。加强对执法审批部门的监督，加大对行政不作为、乱作为现象的处罚力度。

二是优化创新创业环境，培养集聚高端人才。一方面应加大政府对高等职业教育的投入，通过各种政策扶持，引导社会各界加大对高职教育的投入力度，促进优化职业教育资源，构建更加实用、更加国际化的人才培养体制机制；另一方面加大人才引进和培育力度，将人才队伍建设摆在优先发展的位置，提高服务保障水平，优化创新创业环境，同时加快国际学校、外国专家公寓的建设，着力打造人才集聚发展的高地。

三是提高营商基础设施保障能力。优化交通运输、信息网络体系、文化教育等基础设施，创造稳定高效的营商硬环境。

第三章　加快培育推动农业农村发展的新动能

——以菏泽市为例

实施乡村振兴战略，需要统筹推进，科学谋划，突出推动产业振兴、人才振兴、文化振兴、生态振兴和组织振兴，走出符合国情、省情和县（市）情的农业农村振兴之路。山东省新旧动能转换综合试验区建设总体方案获国务院批复，发展现代高效农业是其中的一项重要内容。在这样一个大背景下，各地都要把实施乡村振兴战略和推进农业新旧动能转换两项工作结合起来，积极培育农业农村发展的新产业新业态，从而推动乡村产业振兴，为实施乡村振兴战略打下坚实的物质基础。

第一节　加快培育推动农业农村发展的新动能的重要意义

加快培育推动农业农村发展的新动能是推进乡村产业振兴的重要动力。山东作为一个农业大省，加快培育推动农业农村发展的新动能具有重要意义。

一、加快培育推动农业农村发展的新动能是实施乡村振兴战略和山东省新旧动能转换的重要内容

山东省第十一次党代会明确提出，要把新旧动能转换作为统领经济发展的重大工程，这是事关山东省发展全局和长远的一件大事。2018年，山东省新旧动能转换综合试验区建设总体方案获国务院批复，发展现代高效农业是其中的一项重要内容。推进农业新旧动能转换也是贯彻落实中央和省委、省政府重大决策部署的政治使命和责任担当。

二、加快培育推动农业农村发展的新动能是落实新发展理念、实现高质量发展的要求

发挥新发展理念的统领作用，增强经济社会发展创新力，不断实现高质量的经济发展，才能更好地满足人民日益增长的对美好生活的需要。国际经验表明，一个国家、一个地区发展到一定阶段，就要对发展模式作出相应的调整，发展的驱动力也会经历转换更新的过程。这是一种发展规律。

美国经济学家波特提出的竞争优势理论，将竞争分成四个阶段：(1)人均GDP 1000美元以下属于要素驱动阶段；(2)1000～10000美元属于投资驱动阶段；(3)10000～30000美元属于创新驱动阶段；(4)30000美元以上属于财富驱动阶段。2017年，菏泽市人均GDP为4783美元，这反映了菏泽市处于投资驱动阶段，招商引资与招才引智是菏泽市当前的工作方向。而东部一些地市人均GDP超过10000美元，这反映出这些地市已处于创新驱动阶段。当前，山东省正处在加快发展的关键时期，要把新发展理念落到实处，以供给侧结构性改革为主线，推动经济发展的质量变革、效率变革、动力变革。农业要加快现代化进程，为经济社会发展全局提供更加有力的支撑，就不能一直在传统发展道路上小步慢跑，必须适应新形势，迎接新挑战，加快新旧动能转换，实现跨越发展。

三、加快培育推动农业农村发展的新动能是实现农业由大到强转变的内在要求

山东省是传统农业大省，推进农业供给侧结构性改革是当前农业发展面临的主要任务，加快培育推动农业农村发展的新动能是农业供给侧改革的重要抓手。近几年山东省加快农业发展，培育推动农业农村发展的新动能具备了基本条件。具体表现在：农业产业化快速推进；各地特色农业发展迅速；农民合作社迅速扩大；农民组织化程度提高；新的生产销售业态出现，农副产品加工、休闲观光农业、农村电子商务蓬勃发展。但各地发展仍不平衡，在推进新旧动能转换中存在诸多问题和挑战。近几年菏泽市大力推进设施农业建设，蔬菜大棚、瓜果大棚发展迅速。但受销路不畅、供过于求、缺乏深加工能力等因素的影响，部分农产品滞销严重；有些特色农产品像大蒜、山药等价格变动很大，影响了农民生产经营的积极性；国家调减玉米种植面积，取消玉米临储制度，玉米价格大幅下跌，农民增收势头放缓；等等。总体来看，产生这些问题的原因归根结底还是农业发展动能的问题，说明我们过去依靠拼资源、拼消耗释放的传统动能正在弱化，依靠新技术、新产业、新业态、新模式产生的新动能还没有充分发挥作用。在这种情况下，我们要想获得农业发展新优势，必须加快培育推动农业农村发展的新动能，尽快提高农业竞争力。

第二节　加快培育推动农业农村发展的新动能面临的机遇和挑战

目前，全省许多地市已全面完成土地确权工作，土地流转速度加快，新型农业经营体系初步确立，三次产业融合发展的进程加速，已经具备了农业转型升级的基本条件。以下以农业大市菏泽市为例，分析加快培育推动农业农村发展的新动能面临的机遇和挑战。

一、加快培育推动农业农村发展的新动能面临的机遇

1. 农村土地流转加快

土地问题是农村改革的核心问题。为推进农村土地流转，中央提出土地“三权分置”，加快推进土地确权颁证工作。菏泽市早在2013年已开展土地确权颁证工作，目前全市土地确权工作已全面完成。在各级政府的引导推动下，截至2019年1月，全市新增土地流转面积达到108.4万亩，土地流转率为33.1%。[①] 党的十九大报告提出，农村承包地再延期承包30年，为下一步农业农村发展打下基础，给广大农民吃了颗定心丸。

2. 新型农业经营主体蓬勃发展

(1)专业大户和家庭农场开始发育。专业大户是从事某一种农产品生产、具有一定生产规模和专业种养水平的农户。至2016年年底全市种植大户达到3224户，养殖大户达到8346户。家庭

① 参见《菏泽市2019年政府工作报告》，菏泽市人民政府网，2019年1月23日。

农场是以家庭成员为主要劳动力，从事农业规模化、集约化和商品化生产经营，并以农业收入为家庭主要收入来源的新型农业经营主体。至 2016 年年底菏泽市家庭农场发展到 4420 家。专业大户和家庭农场能扩大规模化经营范围，增加要素投入，提高生产效率和农业效益。

(2)农民专业合作社和农业龙头企业快速发展。菏泽市以创建各级示范社为抓手，加快发展农民专业合作社，切实提高农民的组织化能力。2016 年年底，菏泽市农民专业合作社发展到 2.36万家，农民专业合作社蓬勃发展。农业产业化龙头企业以农产品加工或流通为主，通过各种利益联结机制与农户相联系，带动农户进入市场，使农产品生产、加工、销售有机结合、相互促进。农业龙头企业拥有多种生产要素，具有农产品深加工能力和市场开拓能力，对农户的带动能力强，能推进农业产业化进程。2016 年年底，规模以上农业龙头企业达到 1686 家，实现主营业务收入 2613.2 亿元。农民专业合作社和农业龙头企业的快速发展，直接推动现代农业的发展。

3.农业社会化服务水平得到提高

菏泽市已初步形成了以政府公共服务机构为主导、多元化市场主体广泛参与的农业社会化服务体系。为解决“最后一公里”问题，菏泽市组织实施基层农技推广体系改革项目建设，乡镇农技站以改善基层农技人员工作条件为重点的项目建设。近年来，菏泽市农业社会化服务体系建设也取得了长足的发展，出现了一批各具特色的农业社会化服务组织。完善的农业社会化服务体系是发展现代农业的基础和条件。

4.农业新产业新业态迅速发展

(1)农村观光休闲农业发展迅速。菏泽市按照“休闲＋度假

＋旅游＋养生”模式，加快推进农旅结合，休闲娱乐、观光采摘、旅游产业开发稳步发展，生态农业与旅游发展新业态不断涌现。如成武县中天观赏园、蓝水湾公园、周自齐公园等园区的形成，改变了文亭湖蓝水湾旅游以湿地为主的单一结构，与此相配套的休闲农业随之快速发展，已逐步构筑起了点片相连的休闲农业旅游产业带，提升了菏泽市休闲农业与乡村旅游的品质和档次。

（2）农村电商发展迅猛。菏泽市淘宝村、淘宝镇数量分别由2016年的61个、6个发展到2017年的168个、24个，分别占全国的1/12、1/10，均占全省的2/3，数量在全国地级市中均居第1位。2017年，菏泽市建成电商园区48个，入驻企业2594家，全市完成电商交易额2050亿元，增长70％。① 2017年，第五届中国淘宝村高峰论坛在菏泽市成功举办，为电商企业打造了一个高端化、特色化和国际化的电商盛会。

（3）现代食品加工业不断发展壮大。近年来菏泽市以加强农业龙头企业建设为抓手，以提升农产品品质、培育新型品牌为目标，充分利用特色农产品资源发展农产品加工业，推进生产、加工、贮藏和销售融合发展，一大批农业龙头企业不断发展壮大。比如，成武天鸿果蔬有限公司经营范围涵盖了农副产品的种植、收购、深加工、仓储销售等，经营品种包括大蒜、马铃薯、洋葱、生姜、烤蒜等，公司拥有5个高标准生产车间、1个万吨冷库、70多台现代化生产加工机器设备，形成了完整的农产品精深加工产业链条。郓城华宝食品有限公司创造了从玉米订单种植，到生猪无公害养殖再到屠宰深加工，最后到全程冷链物流配送至终端百姓餐桌的农业产业融合发展模式，涵盖了农业、工业、流通业、商业4大领域，拉长了产业链、价值链，产业融合带动作用十分明显。

① 《“四新”时代菏泽农村经济发展简析》，菏泽市统计局网，2018年4月3日。

5.农民返乡创业热潮正在兴起

菏泽市出台支持政策20条，在全国率先设立市级返乡创业管理服务中心，2017年新增返乡创业服务站12个，各县(区)设立的服务站达到了73个。组织开展了全方位、多层次的宣传推介活动，自2015年全市返乡创业工作启动以来，共有7.5万名菏泽籍在外人士相继返乡创业创新，领办创办企业3.8万家，带动就业21.5万人。

二、加快培育推动农业农村发展的新动能面临的挑战

在对山东西部地区菏泽市的调查中发现，西部地区正处于由传统农业向现代农业转变的关键时期，传统与现代交织，机遇与矛盾并存，新的增长点正在孕育，培育推动农业农村发展的新动能面临一些矛盾和问题。

1.农业投入相对不足

发展现代农业需要大量资金投入。目前，菏泽市农业投融资及担保体系尚未建立，财政支农专项资金匮乏，农村金融改革创新的力度不够，资金不足成为发展精致农业、推动农业转型升级的最大瓶颈。

2.农民增收难度加大

随着经济发展进入新常态，影响农民收入的外部环境和内生机制发生重大变化。一方面，企业经营面临的风险和挑战增多。受成本“地板”和价格“天花板”的双重挤压，农业比较效益偏低，产业发展和农民增收空间受到限制。另一方面，粮食等主要农产品国内外价格倒挂，农业补贴接近“黄箱政策”极限，农业支持保护体系亟待完善。

3.国内外竞争日趋激烈

当前,中美农产品竞争日趋激烈,国际贸易规则和贸易体系遭遇前所未有的考验,发达国家更加注重设置环保指标、产品检验、技术标准等绿色贸易壁垒,农产品出口成本增大,初级、鲜活农产品出口呈现萎缩趋势。菏泽市大蒜、芦笋、山药等优势农产品地位面临挑战,产业化经营、新型经营体系创新等方面对标先进地市尚有一定差距。

4.农业科技创新和推广水平不高

发展现代农业要依赖有文化、懂技术、会经营的新型农民,需要专业化、复合型的职业农民。目前,菏泽市农业科技创新体系还需进一步完善,科技推广体系建设滞后,农民培训方式、培训对象及培训内容较单一,缺乏高素质的农业从业人员,对种粮大户、家庭农场以及农民专业合作社等新型农业经营主体有个性化培训需求的并未被纳入其培训范围。

5.农业特色品牌有待于进一步培育

品牌是提高农产品竞争力、做大做强产业的重要手段。菏泽市经过近年来的努力,培育出巨鑫源、银香伟业、尧舜牡丹等一批特色农产品品牌。总体来说,菏泽市大部分的农产品加工企业品牌培育意识不强,虽然注册了商标,但"小富即安"的思想明显,品牌的影响力和含金量不足,没有形成区域农产品品牌,品牌的带动力有限。

第三节 加快培育推动农业农村发展的新动能的路径

加快培育推动农业农村发展的新动能的关键问题是理顺政

府和市场的关系，根本途径是体制改革和机制创新，从而激活市场、激活要素、激活主体。

一、大力培育新型农业经营主体

人是生产力三要素中最活跃、最核心的要素，也是加快新旧动能转换的关键所在。培育新型经营主体，是破解农业发展现有矛盾和问题的必由之路，也是培育新动能的战略举措，必须放到更高的角度、下更大的功夫，把新的主体培育起来，把新的动能激发出来。培育新主体的核心是处理好各类主体之间的“分”与“合”。所谓“分”，就是要发挥好各类主体的内在积极性和创造性，使不同的主体各有定位、各有侧重、各有优势；要做大做强龙头企业，发挥引领带动作用；要做优做活农民合作社，发挥桥梁纽带作用；要做专做精家庭农场和种养大户，发挥基础支撑作用；同时，还要培育社会化农业服务主体。所谓“合”，就是要促进各类主体之间的联合与合作。任何主体不可能独揽一切，更不可能主导一切，必须妥善处理好各类主体之间的利益关系和分工关系，通过股份合作、利润返还等多种方式，让各类主体之间形成分工明确、分配合理的利益共同体。要加强与龙头企业、农民合作社、家庭农场等有关的监测认定工作，重点支持带动能力强、发展新产业新业态效果明显、积极参与扶贫开发的经营主体；对达不到标准的要坚决予以淘汰。

大力培育新型职业农民。开展职业农民职称评定试点，建立职业农民制度，完善配套政策体系。加大对新型职业农民的培训力度，支持新型职业农民通过弹性学制参加中高等农业职业教育。创新培训机制，支持农民专业合作社、专业技术协会、龙头企业等主体承担培训任务。

二、优化产品产业结构，推进农业提质增效

加快调整农业产业结构，大力发展“一村一品”“一县一业”，既要“吨粮田”，又要“万元田”。一是调整粮、经、饲种植结构。以扩大有效和中高端供给为重点，优化产品结构。适应市场需求，调优调高调精农业生产结构，增加适销对路的农产品生产。粮食生产走绿色、有机、安全、高端路线，瓜果蔬菜要突出品质和区域特色，鼓励扩大油用牡丹、山药、芦笋、大蒜、杂粮杂豆和马铃薯生产等。二是发展规模高效养殖业。如鲁西黄牛、小尾寒羊和青山羊是菏泽市知名的传统畜产品。政府应出台支持政策，鼓励养殖户扩大养殖规模，大力发展青贮玉米和农作物秸秆“过腹还田”，形成作物种植与畜牧业良性循环发展的局面。

三、推行绿色生产方式，增强可持续发展能力

良好的生态环境是农村最大的优势和宝贵的财富。只有尊重自然、顺应自然、保护自然，推动乡村自然资本加快增值，才能实现百姓富、生态美的统一。一是加强对农村环境问题的综合治理。加强农业面源污染防治，开展农业绿色发展行动，实现投入品减量化、生产清洁化、废弃物资源化、产业模式生态化。推进有机肥替代化肥、畜禽粪污处理、农作物秸秆综合利用、废弃农膜回收、病虫害绿色防控。推行农产品标准化生产，健全农产品质量安全全过程监管体系，开展农产品质量安全追溯试点，支持“三品一标”认证，提高农产品质量和品质。二是大规模实施农业节水工程。对水资源缺乏的区域实施农业节水工程，大力普及喷灌、滴灌等节水灌溉技术，加大水肥一体化等农艺节水推广力度。积极争取和出台扶持政策，重点推广节本增效技术，集成节肥、节

药、节水、节种、节油等先进技术，提高农业投入品利用效率，降低生产成本，提高经营效益。

四、发展"新六产"，培育农业新产业新业态

发展"新六产"是拓展农业产业价值链、提升农产品质量的重要途径。发挥"新六产"的乘数效应，发展壮大新产业新业态，提高农业效益。要结合各地实际，从发展现代食品加工业、农村电商、乡村旅游业、智慧农业等方面入手培育农业新产业新业态。

1. 加快发展现代食品加工业

山东许多市、县食品加工业有良好的发展基础，要发展壮大优势企业规模，通过建设现代农业产业园，推动食品加工业集群，大力发展像牡丹、芦笋、大蒜、山药等特色农产品加工业，培育壮大优势企业规模，建设现代农业产业园区。要充分利用已建成扶贫车间，引导农副产品加工企业入驻扶贫车间，争取在田间村头培育一批农副产品加工企业。

2. 推动农村电商发展

农村电商通过互联网平台把农产品生产、加工和流通三个环节有效地整合在一起，实现了三次产业融合发展。菏泽市以创建"国家电子商务示范城市"为抓手，积极培育农产品电商销售主体，从扩大品种、提高质量、打造品牌、拓展渠道入手，做大做强菏泽市的农村电商。

3. 大力发展乡村休闲旅游业

乡村休闲旅游业融合生产、生活和生态功能，是紧密联结农业生产、农产品加工、服务业的新业态。一是打造乡村旅游品牌，要充分利用丰富的特色文化旅游资源，打造乡村旅游品牌，着力推进农业、林业与旅游、教育、文化、康养等产业深度融合，发展富

有乡村特色的民宿和养生养老基地。二是打造特色小镇，将特色小镇建设与发展乡村休闲旅游业结合起来，打造一批特色鲜明、产业发展、绿色生态、美丽宜居的特色小镇。

4. 推进智慧农业发展

搭建农业信息化综合管理平台，涵盖农业生产、农业经营、农业服务、农业管理四个方面，特别是要运用建成的大数据中心和分布在各个村镇的平台收集整理农业信息，形成“智慧农业”的基础构架。在这些大数据的基础上推行更加成熟的农业管理体系，逐步实现农价检测、产量统计、农产品溯源、农产品信息发布等功能，实现信息一体化。如近年来菏泽市建设了一大批设施大棚，不断推进现代信息技术成果在农业中的应用，在设施农业种植基地进行物联网改造，实现农业可视化远程诊断、远程控制、自动预警等智能管理，从而使农业生产变得更加自动化、标准化、精准化、可追溯；在减少人力、降低成本的同时，也培育出了优质高产农产品，让消费者安心、农户省力。

五、强化科技和基础支撑，搭建新旧动能转换平台

1. 强化科技支撑

要推进农业新旧动能转换，提高农业综合效益和竞争力，科技支撑是关键。一是加强农业科技研发，大力推进农科教结合、产学研协作，充分发挥高校和农科院等科技机构在农业科技研发中的积极作用，鼓励农业科技人员深入生产一线，针对农业生产需要和农民需求开展技术研发。二是强化农业科技推广，要创新农技推广服务方式，引入项目管理机制，逐步推行政府购买服务，支持各类社会力量广泛参与农业科技推广。三是加快农业科技园区建设，认真搞好国家级农业科技园区和省级农业科技园区规

划，加快建设，打造现代农业创新高地。

2.强化基础支撑

一是加强农田基本建设，以高标准农田建设为抓手，大力推进农业基础设施建设，完善道路、用电、灌溉等基本配套设施。二是推进美丽乡村建设，加快修订村庄和集镇规划建设管理条例，大力推进县域乡村建设规划编制工作，推动建筑设计下乡，开展田园建筑示范工作；因地制宜，精准施策，扎实推进美丽乡村建设，不能搞成“千村一面”和“农村城市化”，更不能急功近利，搞“一刀切”；大力开展市级示范村命名和省级美丽乡村创建活动，各县、区都要打造一批县级示范村。

六、加快培育特色品牌，提升产品竞争力

品牌是一个国家和地区综合实力的象征，也正在成为市场竞争的核心。品牌有不同的分类。从农业角度来看，主要是四种，包括区域品牌、行业品牌、企业品牌和产品品牌。农业品牌的创建是培育农业农村发展新动能的关键，品牌打出去了，效益提上来了，就能够提升整个产业的吸引力，形成良性循环。要按照“品牌高端化”的要求，进一步提高产业的开放程度，坚持世界眼光、国际标准、农业特色、本土优势，以市场为导向，以效益为目标，努力做到出口产品和国内产品同质同标同线，打造一批具有国际影响力的知名品牌，推动农产品由产量型向质量型转变。

七、激活内生动力

1.激活市场

我国正在推进粮食收储制度改革，要按照“市场定价、价补分离”原则，完善粮食等重要农产品价格形成机制和收储制度。为

此，要引导农民积极调整种植结构，根据市场的需求来安排农产品的生产。

2.激活要素

激活土地要素，在实行农村土地“三权分置”的前提下，发展多种形式的适度规模经营，推动现代农业发展。激活资本，要充分做好财政资金“整合”和“撬动”这两篇大文章，通过对财政支农资金进行统筹整合，推进重点项目建设；通过财政资金撬动社会和金融资本，更多投入农业和农村的建设。

3.激活主体

培育推动农业农村发展的新动能，主体是农民。加快推进农业经营体系建设，激发广大农民参与“大众创业，万众创新”的激情，鼓励各类人才到农业农村创新创业。如通过建设返乡农民工创业园，为返乡农民工创业提供平台。

第四章　推动综合试验区制造业新旧动能转换

——以烟台市为例

新旧动能转换突破的重点是制造业。多年来，烟台市积极实施先进制造业强市战略，抓住重点、突出特色，明确主攻方向，集中优势资源，积极培育发展现代制造业。目前，制造业已发展成为烟台市经济的“半壁江山”。对此，在《国务院关于山东新旧动能转换综合试验区建设总体方案的批复》（国函〔2018〕1 号）中，对作为新旧动能转换综合试验区三大核心区之一的烟台市提出明确的发展定位，就是“打造先进制造业名城”。在推动制造业新旧动能转换中，烟台市以供给侧结构性改革为主线，以实现高质量发展为目标，坚持以“四新”促“四化”，积极探索存量变革和增量崛起的转型升级路径，加快实施新旧动能转换工程及传统企业转型升级步伐，有效地推动制造业高质量发展。

第一节 推动制造业新旧动能转换的做法

烟台市作为综合试验区的三大核心区之一，在推动制造业新旧动能转换中采取了以下做法。

一、重点项目的带动引领，是推动制造业新旧动能转换的基础

推动新旧动能转换，关键在创新，核心是产业项目。一个规模“当量”大、起点高的现代制造业大项目、好项目，其投资建设能够迅速带动发展起一个全新的制造业产业链，进而最终集聚形成一个制造业产业基地、产业集群。烟台市牢固树立“以项目看发展”的观念，把重点项目作为推动制造业新旧动能转换的核心载体和重要抓手，坚持一切围着项目转、盯着项目干，举全市之力做强制造业项目。

1.实施技术改造项目

充分发挥技术改造在推动制造业新旧动能转换、实现高质量发展中的重要作用。烟台市每年都发布年度产业技术改造导向目录。2017年，烟台市完成工业技术改造投资规模达到1435亿元，是山东省连续7年技改投资超过千亿的唯一城市。如，上汽通用东岳汽车有限公司投资规模达97亿元的三大项目——新一代发动机、9BXB系列车型和CVT变速箱，就属于技术改造项目。

2.围绕重大产业抓项目

在推进制造业新旧动能转换中，烟台市发挥比较优势，确定了电子信息制造业、高端化工制造业、装备制造业等七大支柱产业。如，在高端化工制造业方面，烟台市以努力打造国内重要的

高端化工制品产业基地为目标，充分发挥重大项目对产业发展的支撑、引领作用，重点实施了万华百万吨乙烯、南山乙烷综合利用、海上清洁能源综合供给平台等一批重大项目建设。

3.瞄准产业高端引项目

抢抓新一轮科技产业革命的机遇，重点在新能源汽车等领域引进一批具有引领性、突破性、方向性的重大项目。如，投资达12亿元建设的烟台北航科技园项目，其目标就是要致力打造成为北京航空航天大学及其联盟大学在烟台的技术转移中心和成果产业化基地，以更好地为烟台的航空航天制造业的发展提供技术支撑。

二、新兴产业的培育发展，是推动制造业新旧动能转换的重要支撑

新兴战略性产业具有技术高度密集、创新异常活跃的特点，是推进制造业创新驱动的“排头兵”和“驱动器”，是实现制造业新旧动能转换的优先选项。烟台制造业企业不断加快科技创新步伐，依据市场需求，以发展高端制造业为基础，大力培育新兴产业、新业态，加快培育衍生一批引发产业体系变革的高新产业，实现高新产业颠覆式、爆发式增长。

1.确定培育新兴产业

烟台市在全面优化提升七大传统产业如电子信息、有色及贵金属制造、高端化工新材料、装备制造业等的基础上，又重点培育发展了“7＋N”主导产业集群，培育3D打印、机器人等新兴产业，重点发展医药健康、智能机器人等新兴产业，着力构建现代制造业产业体系。

2.培育壮大创新龙头企业

积极实施“创新龙头企业培育工程”，在制造业高端领域如智

能终端、智能制造装备、新能源汽车等，着力培育一批核心技术突出、集成创新能力强、引领产业发展的创新型龙头企业。如，以南山、万华、玲珑等50户龙头带动型企业为培育重点，通过全面提升生产、销售、服务和管理水平等途径，着力加快国际化步伐；以舒驰、金宝电子、荣昌制药等50户创新引领型企业为培育重点，着力发挥好它们在以“四新”促“四化”中的示范引领作用，进而形成制造业发展的新动能。

3. 搭建新兴产业服务平台

积极搭建服务平台，为新技术新产业的发展聚力。目前，烟台市已启动多个电子商务公共服务平台，辐射全球电子商务领域。如，烟台服务外包示范园区重点发展新兴产业如医药健康、数字经济、节能环保新材料、智能制造等，并逐步实现聚集发展，打造了全国电子商务的价值洼地和政策高地。

三、传统产业“老树”发“新枝”，是推动制造业新旧动能转换的重要途径

新动能的培育发展，既来自于“无中生有”——制造业新兴产业的发展壮大，也来自于“老树发新芽”——制造业传统产业的改造升级。因此，推动制造业新旧动能转换，既要加快培育“无中生有”的新技术、新业态、新模式，又要推动“有中出新”的传统产业改造升级。烟台市通过政策引导、项目支持等方式，着力推动传统产业的技术创新、生产模式创新，以“四新”促“四化”，让“老树”发出“新枝”。

1. 推动新技术与传统产业融合

深刻把握新一轮科技革命的发展趋势，将新技术与传统产业相融合，推动产业链向高端、高附加值延伸，是烟台制造业实现高质量发展的重要突破口。为推动传统制造业尽快形成新的发展

动能，烟台市企业积极主动地实施创新驱动战略，拥抱先进技术，尝试先进模式。如，汽车模具3D打印技术具有通用性、普适性等特点，不仅适用于各类汽车模具生产制造，而且适用于大多数金属产品的生产制造，具有广阔的市场前景。烟台泰利汽车模具股份有限公司成功嫁接研发了该技术，进而实现了产业链向装备制造业的拓展与升级。

2.创新企业商业模式

工业旅游的发展，既可以为旅游业提供一个全新的资源，如历史遗存、高科技创新、生产工艺等，又可以通过品牌提升、产品推广、形象宣传等，为企业的发展创造巨大的附加值。如，作为中国葡萄酒业的龙头企业的烟台张裕集团有限公司，依托张裕酒文化博物馆，结合国内旅游发展的趋势，在着力发展传统产品的同时，不断进行商业模式的创新，大力发展"工业＋葡萄酒旅游"。作为公司对外宣传重要窗口的张裕酒文化博物馆，通过大量实物如文物、实物、老照片、名家墨宝等的再现，向海内外游客讲述以张裕为代表的中国民族工业发展史以及酒文化知识，极大地扩大了品牌在国内外的知名度。

第二节　推动制造业新旧动能转换的成效

烟台市推动制造业新旧动能转换取得了明显成效，主要表现为以下几个方面。

一、制造业综合评比名列全省前茅

2017年，在由工业和信息化部组织的"工业稳增长和转型升

级成效明显市(州)”的评选中,烟台市以评分全国地级市第一的成绩,被工信部提名、国务院表彰为“全国工业稳增长和转型升级成效明显市”。2016年,在由工业和信息化部组织的消费品工业“三品”战略示范试点城市评选中,烟台市从全国30多个竞争城市中脱颖而出,位列其中,是山东省唯一入围的城市。

二、制造业规模总量位居全省首位

2017年,烟台市规模以上工业实现主营业务收入达1.4万亿元,位居全国大中城市、14个首批沿海开放城市前列,山东省第1位。2017年12月14日,由中国信息通信研究院发布的《中国工业百强县(市)、百强区发展报告》中,龙口、招远、莱州、蓬莱四个县级市成功入选2017年中国“工业百强县”。

三、制造业质量效益保持全省领先

2017年,烟台市规模以上工业实现利润1043亿元,继续保持山东省领先地位。烟台市的万元GDP能耗仅有0.33吨标准煤,是山东省平均水平的一半左右,成为山东省唯一一个连续11年完成节能目标任务的城市。2016年,烟台市被国家授予“推动绿色发展示范基地”,是全国首个地市级国家绿色生态发展示范基地。

四、高新技术产业稳步发展

2017年,烟台市规模以上高新技术产业实现产值6314.69亿元,占工业总产值比重42.49%,其产值和比重分别居于山东省第2位、第3位。2017年,烟台市有效发明专利量为5459件,居全省第3位。特别值得一提的是,中国(烟台)知识产权保护中心成功获批，且成功实现运营，是全国首批、山东省首家，也是全国首家正式揭牌并运营的保护中心。

五、制造业支撑带动作用显著提升

2017 年，烟台市规模以上工业提供了全市近五成的生产总值和税收收入；新增高新技术企业 69 家，总数达 370 家；新认定科技型中小企业 291 家，总数达到 851 家；全市技术合同成交 3323 项，成交额突破 60 亿元。烟台市进入全国首批 10 个“国家知识产权强市创建市”行列。

第三节　推动制造业新旧动能转换的启示

烟台市推动制造业新旧动能转换取得了新成效，从其成功的经验中可得到以下启示。

一、以政策创新为保障，有效提高了制造业动能转换保障力

加快制造业新旧动能转换，政策引导是保障。烟台市制定了《关于实施制造业强市战略的意见》，旨在通过高点定位、精准扶持、借力搭台、项目推进、务实服务等措施，不断推进制造业新旧动能转换。

1. 实施制造业强市战略

烟台市成立由市委、市政府主要领导任组长的实施制造业强市战略工作领导小组；把制造业强市建设纳入全市的经济社会发展综合考核之中，强化倒逼机制，形成部门联动、政企互动机制。烟台市的这一做法得到山东省领导的高度肯定，并印发至省内各市政府学习借鉴。

2.制定制造业强市规划

按照“扬长避短、精准施策、做大优势、补齐短板”的原则，烟台市明确提出了以“六强”(行业竞争力强、创新能力强、融合发展能力强、持续发展能力强、品牌影响力强、综合实力强)为目标的制造业强市发展定位，以“六动”(创新驱动、产业拉动、龙头带动、品牌促动、融合互动、开放推动)为措施的制造业强市实现路径；提出了支持制造业发展的13条政策，从项目、平台、产业、品牌、节能、融合、保障等方面给予企业政策支持，且这些政策导向明确、引领性强、含金量高。

3.坚持“真金白银”扶持

为加快制造业强市战略实施的步伐，烟台市设立了总规模达100亿元的产业引导基金和50亿元的信贷周转金；统筹10亿元的强市专项资金，包括每年安排1000万元用于企业家国内外高端培训；对国内首家、具有国际影响力的技术研究机构给予5000万元一次性补助。此外，对首次入选世界“500强”的制造业企业将给予1000万元奖励；全市范围内调剂300个事业编制作为人才编制“蓄水池”，市、县两级筹集提供不少于10000套人才公寓等。这些政策含金量高，力度之大，创全省之最，在全国领先。

二、以创新驱动为支撑，才能助推制造业动能转换

创新是推动制造业发展的第一动力。烟台市牢牢抓住创新这一根本，致力于提高企业的创新能力，实现制造业核心竞争力的持续提升，这也是推进制造业新旧动能转换的必由之路。

1.建设新型创新平台

烟台市积极构建各类企业技术创新平台，2017年新增省级以

上技术中心45家。目前，烟台市已拥有国家级企业技术中心24家、国家级工业设计中心1家、省级企业技术中心101家和工业设计中心15家；同时，拥有中集海洋工程研究院、现代汽车研发中心等在国内甚至国际一流的创新平台。烟台市不断提高产学研合作层次，北京科技大学烟台工业技术研究院、国家机器人检验检测公共服务平台等相继落户烟台，且“北京科技大学烟台工业技术研究院”成功入选首批山东省制造业创新中心。

烟台市围绕产业链部署创新链，进一步放大山东半岛国家自主创新示范区平台效应，建立了专利技术转移转化产业园。目前已有中德工业设计中心、山东省产学研科技创新公共服务平台、山东省增材制造产业技术研究院等一批新型创新平台先后落户烟台。同时，烟台市强化与腾讯云的全面合作，努力打造成为山东省首个数字生态共同体中的数据枢纽城市。

2.推进深度创新融合

烟台市通过推行智慧生产新模式，实现制造业生产过程的信息化、自动化、柔性化和智能化。培育一批“两化”融合示范项目，新增省级“两化”融合管理体系贯标试点企业3家。支持企业通过取得武器装备科研生产单位保密资质、武器装备质量体系认证资质，实现军民融合发展；同时加快服务业与制造业融合。

3.强化人才创新支撑

烟台市积极实施“双百计划”，加强引进顶尖人才(团队)，强化“金蓝领”的培训，引进培养了一批具有国际水平的科技领军人才和高水平创新团队。“让各类人才创造活力充分迸发、聪明才智充分涌流”的氛围已形成。数据显示，2017年，烟台市共引进各类人才3.5万人，新引进千人计划专家31人，新入选泰山系列人才28人。

4. 企业创新能力不断提升

坚持创新驱动，拥有核心技术和做强关键产业，是实施制造业强市、推动新旧动能转换的关键所在。2017 年，烟台市一大批骨干企业坚持创新发展。如，万华集团百万吨乙烯项目顺利启动与实施；中集来福士超深水半潜式钻井平台“蓝鲸 1 号”制造成功；万华集团成立行业内首家聚合物表面材料制备技术国家工程实验室；南山铝业成为国内首家为波音公司提供铝合金航空板材的企业；艾睿光电科技公司成为省内首家牵头国家“核高基”项目的企业；绿叶制药位列全国最具研发创新能力的医药上市企业 10 强。

三、以优化环境为基础，有利于提高制造业动能转换的服务力

推动新旧动能转换，营商环境、发展环境是重要的基础。烟台市积极强化要素保障，强化服务保障建设，助力制造业新旧动能转换。

1. 强化运行监测

烟台市率先在全国建立了一套跨部门、跨系统、跨行业、跨领域、全方位、大跨度的工业调度平台体系，升级高度监测平台及大跨度调度平台的部分内容与功能，目前在线企业已突破 500 家。该调度平台体系不仅能够实时监测工业运行态势，而且能够及时反映企业的困难与问题。在全国率先推出了“ICI 烟台指数”并按月发布，有效提高了对全市工业整体运行的分析能力，被列为“国家工业运行重点联系城市”。

2. 强化要素保障

加大政策资金争取力度，争取将一批重大项目列入工业强基、技改贴息、智能制造等国家专项。缓解企业融资压力，2017

年年内发放信贷周转金 7 亿元以上。争取更多的企业入选省电力直接交易试点用户，交易电量及企业户数继续保持全省领先。

3. 发挥惠企红利

为促进制造业企业提档升级，针对战略性新兴产业、企业新一轮技术改造、智能制造和“两化”融合项目等，烟台市设立 1 亿元信贷周转金。2017 年，烟台市累计发放信贷周转金 9.54 亿元，有效缓解了企业融资压力。

4. 加强企业家队伍建设

为提高企业家队伍的整体素质和公共责任意识，烟台市实施了“智慧提升工程”，强化对全市重点企业中高层经营管理人员的培训。目前已举办“智慧提升工程”专题研修班 4 期，智慧大讲堂 1 期，培训 1700 多人次。同时，组织企业家“走出去”，目前已有 22 名企业家赴德国学习。他们开阔了眼界，提高了理论和专业水平。

5. 打造最优营商环境

烟台市牢固树立“对企业好就是对烟台好，为企业服务就是为发展服务”的理念，先后建立了服务企业直通车、分层次联系企业等制度，实行“问题台账”和“销号办理”制度，及时帮助企业解决实际困难。完善企业困难解决机制，推行“最多跑一次”，全力打造最优营商环境。

第五章　发挥企业在新旧动能转换中的主体作用

——以兖矿集团为例

新旧动能转换是山东省经济发展的首要战略任务，而推动新旧动能转换，企业是主体。特别是在资源型城市产业结构中，以传统资源开发为主业的大型企业集团又是新旧动能转换的主力军。本章以兖矿集团为例，分析该集团在推动新旧动能转换中的取向、实施路径及着力点，以寻求带有普遍意义的经验做法。

第一节　推动企业新旧动能转换的取向

企业作为一个经济组织，在推动新旧动能转换中应从各自的实际出发，采取符合自身特点、优势条件、发展潜力的新旧动能转换取向，就容易收到好的效果。近年来，兖矿集团坚持“存量变革”与“增量崛起”并举，形成实体产业、资本运营、物流贸易“三足鼎立”、三向并进、相互支撑、协同发展的格局。目前，产业主要包括煤炭、化工、金融、装备制造、电力、铝型材加工、房地产、建筑安装、现代服务、物流贸易等。2017 年，兖矿集团完成煤炭产量 1.35亿吨，排名有望进入国内前四名；化工产品产量为 797 万吨，甲醇产量名列国内前列，煤制油实现规模化生产；预计实现营业收入 1950 亿元，利润总额 45 亿元。企业规模当量历史性地达到世界 500 强标准，经济效益位居煤炭行业和省管企业前列。兖州煤业在 2017 年全球 50 大矿业公司市值排名中，位列市值增长最佳 10 家矿业公司第 6 名。

从具体的产业特点及优势看：一是在煤炭产业。兖矿集团煤炭产业由兖州煤业公司、兖矿贵州能化公司、兖矿新疆能化公司、陕西未来能源公司等所属矿井组成，共有生产矿井 31 处，核定（设计）生产能力 20645 万吨/年。煤炭产业主要围绕山东本部、陕蒙基地和澳洲基地三大区域布局，目前陕蒙基地已建成 4 对千万吨矿井集群，形成一批“千人千万吨”高产高效示范矿井，具备年产煤炭 5000 万吨生产能力。澳洲基地通过资本运作、股权融资方式，成功实现联合煤炭公司股权并购，现已成为澳大利亚最大的煤炭生产商。本部基地深入开展“三减三提”，骨干矿井实现利润 60 亿元，效益支撑作用日益显现。二是在煤化工产业。兖矿集团煤化工产业目前具备了年产 300 万吨甲醇、100 万吨煤制油和 900 万吨尿素、醋酸等化工产品的能力。拥有水煤浆气化、粉煤加压气化、煤炭间接液化等国内领先、世界一流的核心技术，国内首套百万吨自主知识产权煤液化示范项目成功运营。化工产业启动实施安全生产转型升级行动，有序退出低效无效产能，加快发展外部精细化工，实现减亏增盈、转型发展。三是在机电装备制造产业。兖矿集团机电装备制造产业主要由煤业公司东华重工所属公司组成。按照“中国制造 2025”战略要求，瞄准智能制造方向，加快装备技术升级，提升产品品质，推动制造业向精

深加工和高端产品延伸。四是在金融投资产业。充分发挥金融投资产业平台的作用，推进产业金融深度融合，管理资产规模达到800亿元，投资增值40亿元。五是在现代服务业。兖矿集团现代服务业主要包括建筑施工产业、房地产业、物流贸易产业、生活服务产业等多个板块。建筑施工产业东华建设公司加快实施“走出去”战略，扩大国内市场份额，开拓拉美、南亚等新兴市场。房地产业中垠地产公司按照“一二线城市布局”和“三四线城市清盘”的要求，审慎推进新项目开发，打造中垠地产品牌。物流贸易产业稳步推进资源整合、流程再造和风险管控，合作组建专业化、高端化的物流贸易平台。生活服务产业事业发展公司统筹推进城市公共服务、医疗健康、餐饮商贸、安保服务等产业发展，积极构建公益性服务和产业化发展新模式。六是在战略性新兴产业。深入实施“蓝天工程”，在集团本部建设了100万吨/年型煤加工厂和配套复合添加剂、配套专用炉具生产线，在邹城市5个镇推广应用，打造洁净型煤燃烧示范区。成功承担了中车集团复兴号动车型材制造供应，首批25列型材已交付使用；高端军工产品型材制造有了新突破。推进大数据、云计算平台建设，打造能源矿山智能化综合服务商。

基于上述分析，应采取以下思路加以推进：

遵循山东提出的“三核引领、多点突破、融合互动”的要求，围绕打造一流企业跨越发展的“三大目标”，实施“四步走”战略，创新“3＋3”模式，优化“五大转型”路径，做强“五大支撑”保障，加快形成现代产业集群新布局。

应采取的主攻方向是：积极探索存量变革和增量崛起并举的转型升级模式，通过“建链、补链、强链”，促进全产业链整体跃升，打造行业龙头企业，形成一批全国一流乃至在世界上有影响力的产业集群。

一是推动三个传统产业转型升级，包括推动煤炭利用“安全绿色智能”、推动煤炭转化“高端精细集群”、推动装备制造“高质先进智能”。

二是推进三个新兴产业迅速崛起，包括促进人工智能“创新开放融合”、促进数据信息“资源集成共享”、促进新型能源“前瞻绿色再生”。

第二节　企业新旧动能转换的路径选择

基于企业的现状和现代市场需求的变化趋势，促进企业在创新中形成煤炭与非煤、煤炭与金属矿产、实体与金融等融合互动的发展模式。

一、突出优势产业集群发展

发挥板块之间、产业之间、单位之间的协同效应，增强优势产业发展的整体效能，确保资源配置更加简洁、合理和高效。金融投资产业用好“四位一体”金融投资产业平台，优化整合金融投资资源，引入高端人才团队，构建多层次、立体化、复合型金融产业体系，实现金融投资产业多功能、多牌照发展，促进产融一体、协同高效，确保主要经济指标跻身省管企业前列。物流贸易产业统筹国际国内“两大市场”，突出效益、市场、价值、风控“四个导向”，引入战略投资者，组建高端物流贸易平台、职业化的高端团队，加快由经营产品向控制市场转变，由注重规模向效益优先转变，由单一环节贸易商向供应链一体化服务商转变。加快建设集仓储、配送、交易平台功能于一体的特色物流园区，实现物流渠道网络化和物流载体园区化。建筑施工产业要科学谋划发展方向，培育新市场竞争优势，做实区域市场。房地产业要科学研判国家和区域房地产调控政策，加大项目去化力度，健全房地产项目投资模型，审慎对待新项目资金投入，打造自己的地产品牌。生活服务产业统筹区域餐饮资源，建立酒店管理公司，引入高端专业运营团队，实行统一管理，提升餐饮产业发展水平。介入医养结合新领域，构建一体化医养结合型服务体系。

二、突出区域布局调整

要发挥本部基地经济实力雄厚、创新资源富集等综合优势，培育出新旧动能转换主引擎，打造实力强劲的产业聚集区、人才孵化地、经济增长极、效益利润源。本部基地建成新旧动能转换的综合发展基地，通过战略合作、产业升级、产业链带动，推动煤炭精细开采、装备制造、精细化工、金融投资和现代服务业的创新发展，形成多点支撑、融合互动的新动能。

三、突出合资合作对接

树立世界眼光，掀起新一轮高质量、大力度战略合资合作的热潮。加强与世界500强企业合资合作，引进美国空气产品公司投资，谋划实施煤制合成气项目；加快推动与美国久益公司合作项目；加强与中央企业合资合作，把握济青烟动能转换先行区、省先进轨道交通制造业创新中心建设的机遇，巩固与中车集团的战略合作；加强与中车南京浦镇、长客、军工企业的合作，实现现代轨道交通型材供应的新突破；积极探索与国家科研院所的合作，发挥国家级技术中心、国家工程中心、工业级清洁煤技术实验室等高端研发平台的作用；探索与省管企业的合资合作方式，创新“资源＋资本”发展模式，特别是在产业关联性强、技术水平高、发展空间大的项目合作上实现新突破。

四、推动落后产能有序退出

企业在传统体制下形成了一些落后产能，已与不断变化的消费需求不相适应。需推动落后产能有序退出，为新产业腾出发展的空间和提供更多的资源。为此，要采取市场化、法治化手段，分类施策、多措并举、标本兼治，推动企业优胜劣汰、产业转型升级。当前，应把去产能与深化国企改革、企业兼并重组和改造升级相结合，对重组无望、资不抵债、无发展前景的僵尸企业实行依法破产清算，从而有序退出历史舞台。

五、突出国际产能深度合作

我国“一带一路”倡议为国际优势产能合作带来了难得的机遇，特别是为企业打造新的全球产业链、价值链和供应链提供了机遇。作为推动新旧动能转换主体的企业应树立战略思维，依据自身优势并用世界眼光推行全球产业布局，努力打造具有国际竞争力的跨国集团，带动具有国际竞争力产业集群的崛起，既为“一带一路”沿线国或地区的发展做出积极的贡献，也为我国产业的转型升级、经济的持续快速发展做出应有的贡献。

第三节　推进企业新旧动能转换的着力点

加快新旧动能转换，不仅关系当前，也关系长远；不仅是经济问题，也是政治问题。兖矿集团将把握好综合试验区的历史机遇，为关键领域提供支撑保障，争当省新旧动能转换的先行者和排头兵。

一、更新观念，增强企业“创造力”

建设新旧动能转换综合试验区，是全省一件大事、难事、新事、好事，也是兖矿集团发展中面临的新机遇。兖矿集团将憋足一口气、铆足一股劲，掀起新一轮思想大解放热潮，用新发展理念武装头脑、引领实践，在新旧动能转换中敢于担当、敢于先行先试，成为培育新动能的示范者、能源企业凤凰涅槃的引领者。

二、充分利用政策措施，为培育新动能提供保障

为推动新旧动能转换，中共山东省委办公厅、省政府办公厅印发了《关于支持新旧动能转换重大工程的若干财政政策》以及《关于支持新旧动能转换重大工程财政体制激励政策的实施意见》《关于支持新旧动能转换重大工程若干税收政策的实施意见》《关于支持发展“十强”现代优势产业集群财政政策的实施意见》《关于财政金融政策协同配合支持新旧动能转换重大工程的实施意见》《关于支持科技创新服务新旧动能转换重大工程财政政策的实施意见》等实施意见。兖矿集团应研究、争取和运用好相关的财政体制激励政策、税收政策、金融政策，特别是运用好现代优势产业集群支持政策，为产业集群发展争取政策保障。同时，在利用传统金融机构融资的基础上，创新项目融资模式，通过引进外部资金、设立基金、发行企业债券等方式，提高直接融资比例，降低融资成本，保证项目顺利建设。

三、做强技术研发支撑，增强“原动力”

主动顺应产业变革和科技革命的大趋势，充分发挥技术创新、商业模式创新、“双创”活动对产业发展的“助推器”作用，变“要素驱动”为“创新驱动”。能源企业应重视原创性科技成果的供给以及有效实现创新成果的转化，尤其应在煤炭安全高效开采、高端精细化工、煤炭清洁高效利用、高端装备制造研发四个方面取得突破，加大企业研发费用投入，为产业集群发展插上科技的翅膀。应创新企业动能培育模式，将新旧动能转换与“双创”活动紧密结合，重点培育兖煤蓝天洁净煤公司、东华重工有限公司、鲁南化工有限公司、陕西未来能源化工有限公司等一批具有高技术含量、高附加值、高产业带动性、高成长性的“四高”企业，实现几何级增长、跳跃式发展。创新成果转化，开展高效综采工作面成套自动化装备研发制造、工业级清洁煤技术、高效节能环保锅炉制造、化工新型燃料及新材料技术研发，推动重大创新成果快速产业化，为集团公司产业转型升级提供有力支撑。

四、做强体制机制改革支撑，增强“牵引力”

要在深化改革中为企业新旧动能转换提供动力。企业为培育新技术、新业态、新模式、高端品牌，迈向产业中高端，就应坚决地进行改革，包括企业组织结构、所有制形式、创新体制和机制、管理方式、人才管理制度和分配制度等方面。在深化治理结构改革中，要坚持依法治企、制度治企，建立健全企业党委会、董事会、经理层、监事会，并落实好各治理主体的权力和责任。要深化管控体系变革，处理好“集”与“放”、“导”与“领”、“产权归属”与“管理层级”、“区域管理”与“专业管理”的关系，尽快形成三层管理架

构。深化发展方式变革，优化投资方式、资产质量和配置方式，实现并购重组实力强劲、资源配置集约共享、资产质量好中向优、投资方式灵活高效。认真抓好中央环保督查组反馈意见整改落实，谋划实施新一轮环保三年行动，形成绿色产业集群，培育壮大绿色动能。深化运营机制变革，启动“管理提升年”活动，推动内部市场贯穿全流程、“三减三提”覆盖全方位、综合评价辐射全领域，切实增强经营管控效能。

五、做强项目建设支撑，增强“赶超力”

建好用好新旧动能转换重大项目库，是加快新旧动能转换重大工程的全局性、基础性工作。应积极按照山东省委、省政府相关政策规定，以“四新四化四提”为根本要求，以“十大产业”为入库基本范围，聚焦煤炭安全高效开采、绿色清洁利用、高端化工、高端制造、现代物流贸易、现代金融、环保和信息技术服务等领域，打好重大项目建设攻坚战。落实项目包保机制，确保重点项目优质高效向前推进。

第六章　发挥现代交通对新旧动能转换的助推作用

——以铁路建设为例

新旧动能转换是新时代国家的一项重大战略工程，山东省率先一步开启了这一伟大工程，开创了先行试验区，这对于山东的经济转型、结构升级和社会发展都具有十分重要的意义。铁路作为重要的基础设施，是新旧动能转换的首选交通设施。实施新旧动能转换离不开铁路的助推作用。本章就发挥好现代铁路建设在山东新旧动能转换中的助推作用进行深入的探讨。

第一节　铁路发展对山东新旧动能转换具有助推作用

目前，高铁已成为支撑我国国民经济和社会发展最重要的基础设施之一。如京沪高铁给济南及周边区域带来诸多有利影响一样，现代铁路特别是高速铁路的建设发展必将在山东新旧动能转换进程中发挥强有力的助推作用。

一、铁路特别是高速铁路的发展本身就是高新技术产业发展的一项重要内容，是新旧动能转换工程的重要组成部分

我国铁路特别是高速铁路经过多年的发展，技术越来越先进；高铁在建设、制造、运营等方面已经形成成熟的技术标准和体系，居于世界先进地位。特别是复兴号动车组完全按照中国的标准制造并投入正式运营，时速达到 350 公里/小时，平稳、舒适、安全，惊艳全球。高铁在我国高新技术领域已经占据重要位置，堪称“标志”“模范”，更被大家形象地比喻为亮丽的“国家名片”。所以，对于新旧动能转换来说，高铁的建设发展能提供良好的契机和强大的推动力。因此，在山东全面展开新旧动能转换重大工程动员大会上，山东省委书记刘家义同志强调了加强铁路建设的重要性，提出要大力发展高速铁路，并明确了高速铁路发展的目标：规划到 2035 年，高铁通车里程达到 5700 公里；世界最先进的时速 500 公里磁悬浮列车将出现在山东。《山东省新旧动能转换重大工程实施规划》对建设过硬的交通基础设施、一流的研发制造和服务基地、先进的轨道交通装备提出明确要求，要求打造“三环四横六纵”的快速铁路网络，完善“四纵四横”货运铁路网。这些任务和要求直接而明确，充分说明铁路建设是新旧动能转换工程的重要组成部分。

二、铁路发展有助于补齐交通基础设施要素短板，为新旧动能转换提供强大的运力支持

新旧动能转换需要强大的运力支持。一直以来，铁路在全国综合运输网络中起着骨干作用。近些年来，铁路建设速度突飞猛进，新技术、新设备日新月异，高速重载列车大量上线，铁路在综

合交通体系中的骨干地位和担纲作用更加稳固和突出。《中长期铁路网规划》《铁路“十三五”发展规划》作出了加快发展铁路的战略决策，提出了铁路建设未来发展规划：到 2020 年，铁路网规模达到 15 万公里，其中高速铁路 3 万公里；展望到 2030 年，基本实现内外互联互通、区际多路畅通、省会高铁连通、地市快速通达、县域基本覆盖；实现相邻大中城市间 1～4 小时交通圈，城市群内 0.5～2 小时交通圈；构筑“八纵八横”高速铁路主通道，山东半岛等城市群建成城际铁路网；远期铁路网规模将达到 20 万公里左右，其中高速铁路 4.5 万公里左右。“十三五”期间，山东省 16 地市全部实现高铁通达，基本形成以济南、青岛为中心的“1、2、3 小时”高速铁路交通圈。这些必将为山东新旧动能转换提供越来越可靠的运力保障，为新旧动能转换所需的人才资源、劳动力资源、技术资源、信息资源和自然资源提供便利的流通条件。

三、铁路发展有助于推进区域一体化发展，为新旧动能转换拓展广阔的空间

《山东省新旧动能转换重大工程实施规划》提出，推进区域一体化发展，加快形成“三核引领、多点突破、融合互动”的新旧动能转换总体布局。这同样离不开铁路的大发展。铁路路网规模大、联动性强、速度快、运能大、效率高，在助推区域一体化发展方面具有优于其他交通方式的优势。铁路发展有助于加速区域空间结构的重塑，产生区域空间结构效应。如京沪高铁一方面加强了山东省与京津冀和长三角城市群的联通与互动，从济南到北京和上海的车程分别缩短为 1.5 小时和 3.5 小时左右；另一方面提高了山东省内部一体化水平，形成了济南都市圈、济宁都市圈等“1 小时经济圈”。济青高铁通车后，济南到青岛的车程将缩短为一个多小时。高铁的发展，特别是山东省“三环四横六纵”的快速

铁路网和“四纵四横”货运铁路网建设的不断推进，必将提高要素资源配置效率，强化基础设施互联互通、要素市场统一开放、公共服务共建共享，加快形成核心突出、多点联动、共谋发展的新旧动能转换总体布局。同时，铁路发展将大大拓展区域开放合作的空间，加快融入京津冀协同发展国家战略，加强与京沪线、京广线沿线区域的合作；发挥济南在中欧班列中的龙头带动作用，带动山东深度融入“一带一路”建设。

四、铁路发展有助于产业布局优化和产业结构升级，助推新动能的形成

产业布局优化和产业结构升级是新旧动能转换的必然要求，铁路特别是高铁的发展将促进经济的交流，克服资源环境的制约，实现产业结构的调整和合理化布局。首先，高铁能加速沿线主要城市工业内部转型，促使产业空间布局更趋合理，促进产业升级。如山东借力京沪高铁吸引了不少高端产业落户，经济布局得到优化。其次，高铁有助于形成新兴产业，促生新动能。高铁本身就是各种高新技术的集大成者，随着未来高铁技术水平的大幅度提升和推广，对做优做强高端交通装备产业、电力等新能源装备产业、新一代信息技术产业，加快电能替代步伐，提高电能在终端能源消费中的比重，推进新能源新材料产业发展，将产生越来越强的引导和带动作用。最后，高铁有助于提升传统产业改造，促进产业结构调整优化。一方面，高铁发展有利于化解过剩产能，置换形成新动能，有效促进钢铁企业转型开发高铁等领域的高端产品；另一方面，高铁运行速度快、密度大，拉近了城市间的距离，给人们的快捷出行带来了极大方便，对于中长途的旅客更具有吸引力。高铁建设能够促进精品旅游、房地产、教育、文化创意、新型物流等现代服务业的发展，成为带动城市现代服务业

发展的新增长点和增长极。如石济高铁正式通车后，石家庄至济南车程由原来最快的 4 小时缩短至 1 小时 20 分。2018 年春运，石济高铁成为山东旅游客流增长的新引擎。

五、铁路发展有助于促进区域经济增长和生态环境保护，为新旧动能转换提供良好的经济基础和综合环境

实现新旧动能转换，首先要有坚实的经济基础，经济要保持持续稳定的发展势头。实践证明，铁路在拉动区域经济增长方面作用巨大，除了自身的运营对经济的贡献外，更多的是其功能性带给整个社会的强大推动力。当前，铁路已经进入电力牵引时代，在节能、环保、安全等方面具有突出优势。大力发展高铁产业，将有利于促进资源节约和环境保护，为新旧动能转换提供良好的综合环境。

第二节　铁路发展中存在的问题

山东省委书记刘家义在山东省全面展开新旧动能转换重大工程动员大会上的讲话中指出，现在山东省高铁出省通道少，省内高铁尚未实现互联互通。因此，铁路部门必须按照切实助推新旧动能转换的目标导向和标准要求，认真查找自身存在的问题和不足，为铁路的下一步发展扫清障碍。

一、铁路基础设施存在短板，溢出效应不明显

高速铁路的建设发展对于沿线区域能产生巨大的溢出效应，能够活跃物流业，促进沿线区域互通有无、优化产业结构升级和经济转型，能够为人们的出行提供极大的方便。溢出效应的产生有两个基本前提：一是铁路只有实现组网才能实现规模效应和网络效益的最大化；二是溢出效应具有滞后性特点。这就要求铁路网规划和建设要适度提前。但是，与山东的经济规模和发展要求相比，山东铁路的建设规模、运行速度、运营效率、服务质量等方面存在明显差距，溢出效应不强，不能满足新旧动能转换的需要。以江苏省为例，随着沪宁、京沪、宁杭、宁安、郑徐等高铁线的陆续投运，高铁满足百姓出行需求、产业转移需求、城市建设和经济结构调整需求的功能越来越明显，该省正在加快打造“轨道上的江苏”。新旧动能转换是关乎山东省高质量发展的一篇大文章，绝不仅仅是产业升级和打造产业集群，建立起与新旧动能转换规划相匹配的综合交通体系是重要的基础和运输保障。

二、铁路运输服务创新不够，不能很好地满足山东人民日益增长的美好出行需要

我国社会的主要矛盾已经转化为人民日益增长的美好生活需要和不平衡不充分的发展之间的矛盾。社会主要矛盾的转化也体现在了铁路运输行业之中，铁路运输的主要矛盾也由原来运能严重不足、不能满足运量需求逐步转化为运输供给不平衡不充分的矛盾。随着社会经济的发展和人们生活水平的提高，随着互联网的升级发展，人们对出行质量的要求越来越高，对铁路运输服务提出了诸多新需求。人们不再满足于简单的出行，而是追求快捷、惬意、安全的出行；不再满足于模式化的服务方式，而是希望能享受到个性化的服务；不再满足于单纯单调的出行，而是希望旅途能够多姿多彩、体验美好。随着产业升级换代、经济结构转型的不断深入，货物运输对铁路也提出了新的要求。货主们既希望铁路能够提供价廉质优、多拉快跑的运输服务，也希望铁路运输能够更加快捷、方便，能够提供门到门的全程服务。面对旅

客货主的这些需求，铁路在提升服务方面还有不小的差距，需要在提供个性化、信息化、智能化、多式联运、全程物流等服务上多下功夫。《国务院办公厅关于进一步推进物流降本增效 促进实体经济发展的意见》明确提出，要提升铁路运输在整个物流体系中的占比，而这一政策优势没有被铁路部门充分利用。

三、铁路运营市场份额不足，不能很好地满足山东区域经济社会发展需要

山东省GDP年均增速为7.4%以上，服务业增加值占比由"十二五"末的45.3%提高至"十三五"的55%。发达的第三产业和巨大的旅游市场，对铁路客运发展是巨大的利好。然而，2017年山东省人均铁路乘车频率为1.35次左右，低于全国铁路的平均水平。济南局集团公司的客运市场份额已占全省的21.9%，但客运市场还有较大的挖掘空间。从货运来看，2017年全国铁路货运量占铁路、公路、水运、航空、管道运输方式总货运量的7.8%，货运市场份额不足，成本低的比较优势没能得到很好发挥。从港口运量来看，欧洲国家的国际港口，海、铁、公多式联运比重占货物运输总量的30%左右，我国不到5%。山东港口年吞吐量突破15亿吨，与世界180多个国家和地区700多个港口通航，铁路在疏港能力建设方面还有大量工作要做。

四、铁路在多式联运中的骨干作用发挥不明显，不利于山东参与国际合作的区位优势的增强

刘家义书记在山东省全面展开新旧动能转换重大工程动员大会上指出，我们参与国际合作的区位优势越来越少。2017年，山东省外贸依存度比全国低近10个百分点。如何发挥山东沿海地区的优势，强化大陆与海外国家地区的联系，增强参与国际合

作的区位优势？从加强交通运输基础设施的角度看，很有必要加强铁路建设，切实发挥好铁路在交通运输体系中的骨干作用。但是，近些年来铁路在交通运输体系中并没有发挥好骨干作用，铁路货运量在全部交通运输货运量中所占的比重一直在下降，单这一点就能说明问题。造成这种状况的原因是多方面的，从铁路企业内部来分析，有以下三点：一是物流基地建设滞后于经济发展，疏港能力不足。二是多种运输方式之间缺乏有效衔接，港铁联运、港铁公联运、铁水联运严重不足。如以集装箱为载体的多式联运具备规模化成本优势以及灵活的优点，美欧发达国家集装箱运输占比较高，30％～40％为常见比例。但是，我国的多式联运方式尚未普及，集装箱运输占比仅有5.4％。三是各种交通方式之间“信息孤岛”问题突出，标准不统一。

第三节　以加快铁路建设助推山东新旧动能转换

山东新旧动能转换的大幕已经拉开，迫切需要铁路部门直面问题，找准差距，奋起直追，加快建设步伐，完善路网，创新机制，内部挖潜，既着眼实现长远目标又立足自身当前实际，不断提高质量效益，满足新旧动能转换提出的新要求。

一、补强铁路基础设施短板，加快推进交通强省建设

为推动“四新四化”企业项目落地，必须打造产业集群所需要的综合交通网络体系。铁路要在建设完善综合交通网络体系中发挥“先锋官”和“主力军”的作用，在交通强省中做到“铁路先行”。

1.以组建山东铁投集团为契机，着力解决好铁路建设融资难问题

从2018年起，今后五年，山东全省将投资5550亿元，新建高铁3400公里。铁路建设所需资金巨大，融资任务十分艰巨。为了解决铁路建设融资问题，山东省政府确定组建山东铁路投资控股集团有限公司。公司定位为支持全省综合交通特别是高铁等重大基础设施建设，这为山东高速铁路建设提供了很好的融资平台，对于加快高速铁路建设是个难得的机遇。铁路部门一定要高度重视山东铁投集团的地位和作用，抓住这个机遇，利用好这个融资平台；铁路部门、地方政府和市场力量共同努力，努力化解高铁建设资金制约问题，并以此为契机，提高高铁建设运营管理专业化水平，为山东新旧动能转换提供有力的运力保障。

2.积极推进铁路建设蓝图落地实施

《中长期铁路网规划》《铁路"十三五"发展规划》《山东省新旧动能转换重大工程实施规划》等规划都对铁路建设蓝图作出了科学谋划和战略安排。铁路企业必须按照规划要求，分步骤予以实施，扩大路网规模，优化路网结构，确保铁路建设蓝图落地。目前，山东的铁路网规模还不能适应新旧动能转换的需要，特别是山东的高铁建设还不充分。要在建好济青高铁、青连铁路的基础上，加快推进鲁南、雄商、郑济铁路建设，争取京沪二通道尽快开工，完善干线路网。要建设好城际铁路，积极推进济南至滨州、莱芜、泰安，潍坊至莱西、烟台以及莱西至荣成等线路，尽快实现"市市通高铁"目标。在建设好高铁的同时，还要解决好普速路网建设，加快推进大莱龙铁路扩能改造，贯通德龙烟通道，打通路网瓶颈；建成董家口疏港铁路，完善港口集疏运系统；积极配合地方政府适时推进支线地方铁路建设，进一步扩大铁路网覆盖面。

3.更新铁路建设理念,注重系统配套

一是树立安全第一的理念。安全是基础,没有安全的铁路建设就是豆腐渣工程。因此,铁路建设必须时刻绷紧安全这根弦,坚持建设为安全、建设保安全的理念,时时处处把安全放在第一位,提前谋划,科学施工,严格把控好建设工程质量,既要确保施工中的安全,也要确保施工后的运营安全,从源头上为铁路运输安全提供保障。二是坚持"建设为运营服务"的理念,着眼长远,科学分析,注重社会效益和经济效益的有机结合,既要坚持为社会民生服务,又要讲求合理适度的效率和回报。三是统筹协调、系统配套,不断提高路网运行效率。要坚持统筹协调,充分调动参与各方的积极性,形成合力,同克难关,共铸辉煌。要坚持系统配套,分清轻重缓急,分层分类、分步实施,做到"点线协调、干支配套、能力匹配",确保全省铁路畅通、运行高效。

二、持续深化供给侧结构性改革,不断提高服务质量和效益

按照高质量发展的要求,铁路部门应在持续深化供给侧结构性改革上下功夫,搞好创新,不断提高服务质量和效益,提高乘客、货主的满意度。

1.以"让旅客体验更美好"为目标,推进客运服务创新

一是完善硬件设施,不断改造升级。为满足山东经济发展需要和人民群众对出行的更高需求,对一些客流量增加较快但老旧的客运设施进行更新改造,如对临沂、高密、潍坊、淄博、泰山等站进行升级改造,扩大客流容纳空间,更新设施设备,美化环境,让乘客有宾至如归的感受。二是优化客运供给,提高通行率,增加客运量。要想方设法在繁忙线路、节假日增开列车,增加城际列车开行密度,促进城际铁路向公交化方向发展,缓解繁忙路段、重

要时节的乘客出行压力。还要运用大数据等科学手段,优化列车运行方案,使其运输效率达到最大化。三是加强客运服务创新,转变服务观念,创新服务手段,提高服务品质。针对乘客的需求,想乘客所想、急乘客所急,采取更加人性化、柔性化的服务方式,如推行周"4+3"开行组织模式,进一步完善互联网购票、手机购票、在线选座、大站智能导航、智能验票进站、中转接续换乘、高铁互联网订餐等特色服务,让乘客出行体验更美好。

2.坚持以市场为导向,以效益为中心,推进货运服务创新

一是发挥铁路传统优势,稳定传统货源,保证基础效益。铁路传统的货源是煤炭、矿石、木材、粮食等大宗货物,在新形势下大宗货源虽然有所减少,但是对于稳定铁路运输效益仍然具有重要的意义。铁路企业应该深挖潜力,开行跨局、跨境货物班列和管内循环班列,推进与公路、水运等交通方式的联合行动,加强与管内三大港口合作,拓展海铁联运,稳定扩大大宗货物运量。二是开拓新的市场,增加科技含量高、附加值高的工业制成品的货物运量,如电子产品、家用电器、汽车、服装等。三是开发新型运输方式和管理手段,提高运输质量和效率,提升货运市场占有率。积极推广集装箱运输、冷链运输和高铁快件运输,提高运输货物的附加值。适应国内物流"一单制"的运输需求,积极推行货票电子化,全面实现由手工填记、纸质传递向电子格式传递的转变,精简管理环节,减少人工失误,实时掌握运营动态,实现全程管控,提高工作效率,便于货主查询。积极推行货票电子化,便于收集数据信息,并通过实现数据共享,可以加强多种交通运输方式的交流合作,为铁路增加货运量和运输效益开辟出广阔的空间。

3. 延伸客运服务链条，做强"齐鲁大动脉"文化品牌，助推山东"精品旅游产业"

建设精品旅游产业是新旧动能转换的一项重要内容，其基本要求是加强创新，实现旅游业与工、农、文、体、教、城乡建设以及上下游产业融合发展；推进旅游服务向个性化、高品质化、体系化方向发展，积极创建全域旅游示范省。济南局集团公司要明确自身肩负的责任，围绕发展精品旅游产业的要求，发挥优势，主动作为，助推山东精品旅游产业的发展。一是发挥铁路客运优势，发挥高铁网优势，开行旅游专列，将省内旅游景点串起来，把省内景点与省外大城市连起来。要延伸客运服务，搞好铁路客运与旅行社、大巴车公司、旅游景区、宾馆、饭店的协调联动，探索高铁＋共享汽车、VR＋旅游的方式，直接向旅客展示景点、酒店、餐饮、购物等旅行信息，使旅客获得"未去先知、身临其境"的体验。实现一条龙服务，让旅客来得方便，去得高兴，玩得省心舒心。二是大力改造客运设施，提升服务质量，给旅客留下美好的体验。比如，要大力推进车站信息化、智能化、功能多样化建设，完善站内导航系统，设置无人超市，引进精致餐饮，推广共享按摩座椅，提升旅客体验。三是以"齐鲁大动脉"文化品牌为旗帜，做大做强做活铁路服务品牌和经营品牌。要提升完善济南局集团公司的"海之情""阳光家园""儒苑""多彩旅程"等服务品牌和经营品牌，助力提升"好客山东"品牌价值和影响力。

三、深入推进铁路物流园区建设，打造齐鲁货物快运网，充分发挥铁路在综合交通运输体系中的骨干作用

济南局集团公司要加强铁路物流园建设，融入和推进全省物流网建设，提供质优价廉的物流服务，降低社会物流成本，助推新旧动能转换。

1. 加强疏港能力建设,充分发挥海上大通道优势和沿海区位优势

一是加强海铁联运,突破制约瓶颈,扩大物流通道。二是加大专用线建设力度,建成阳信魏桥铝业、邹平等专用线,强力推进青岛港前湾集装箱港区铁路建设,积极推进其他效益好的专用线建设,解决“最后一公里”问题,扩大货运有效供给,推进货运由公路向铁路转移。三是加快黄岛物流基地综合开发。四是积极配合济南国际内陆港建设。济南国际内陆港的目标定位为国家铁路一类口岸,要建成中欧班列区域集结中心、多式联运海关监管中心、区域性综合保税陆港、高端生产性服务业集聚区。

2. 强力推进物流基地建设,与新旧动能转换总体布局相配套

近年来,济南局集团公司加快在全省规划布局和建设铁路物流基地的步伐,在全省各地市规划布局了 20 余个铁路物流基地,目前多数已经建成投产,部分还在建设之中。下一步要在打造特色上努力,既利用好自身优势,体现出自身特色,又要融入到全省物流网中,为新旧动能转换的大目标服务。济南新旧动能转换要形成“一体两翼”格局,其中,齐河被规划为“西翼”。齐河铁路物流基地位居“西翼”,是一级铁路物流基地,2016 年 9 月开建,2017 年 12 月开通运营。该基地位于山东省省会经济圈以及国家规划的“东部沿海南北物流通道”与“东部沿海至西北地区物流通道”交汇点,占地 4603 亩,与济南枢纽晏城北站接轨。做实做精做强齐河物流基地,非常有助于形成齐河“西翼”发展新格局。

3. 打造齐鲁货物快运网,直接服务企业发展

2014 年首次开行的“齐鲁货物快运”列车,建成了 4 条环线,为省内货物快运发挥了很大的作用。东环线列车沿京沪、胶济、蓝烟、胶黄、张东线运行,联通鲁中和半岛沿海区域;中环线列车

沿京沪、兖石、东平、磁莱线运行，联通鲁中、鲁南区域；西环1线、2线列车分别沿京沪、胶济、张东、辛泰、新兖、京九、邯济线运行，联通鲁北、鲁中、鲁西和鲁西南区域。实施货运列车“客车化”开行，采取“五固定”（固定车次、固定编组、固定运行区段、固定机车牵引、固定站台作业）方式，大幅度提高了货运速度，减少了货运时间。下一步还要进一步完善“齐鲁货物快运”列车，打造齐鲁货物快运网，直接服务企业发展。

4.整合中亚、中欧班列资源，助推国家“一带一路”建设

济南局集团公司管内已经开通了不少国际班列，如从济南、青岛、临沂、滨州发出的中欧班列、中亚班列等，在实施“走出去”的战略中成效明显。同时，要看到班列开行所遇到的问题、存在的不足，比如管理分散、多头行动、效率低、投入产出比不高、信息沟通不畅等。今后要针对存在的问题和不足加以改进，如整合资源、形成合力，突出亮点、重点培育，强化沟通、畅通信息。

第七章 深化“放管服”改革，加速推动新旧动能转换

“放管服”改革是完善我国社会主义市场经济体制的重要内容，是推动新旧动能转换的必然要求，是实现经济高质量发展的必然选择。

第一节 在推动新旧动能转换中深化“放管服”改革的必要性

在推动新旧动能转换中深化“放管服”改革的必要性，主要表现为以下几个方面。

一、“放管服”改革是转变政府职能、提高政府服务效能的需要

“放管服”改革是政府职能转变的本质体现，是进一步深化行政管理体制改革的需要，是政府不断完善自身建设的需要。其中，“放”主要是解决好政府角色定位问题。政府需要厘清与市场和社会的边界以及相互关系，努力解决好政府的缺位、错位和越

位问题，做到简政放权，其目的是激发市场活力和社会创造力。“管”主要是解决好政府管理转型问题。新时代，政府要适应新形势，必须从管理体制、政府层级、部门职责、运行机制、管理平台、制度和法治保障等方面进行管理变革，体现出市场在资源特别是新生产要素配置中的决定性作用和更好地发挥政府的作用，推动经济在稳中向好中运行。“服”主要是在“放”与“管”都发生深刻变革的情况下，所形成的治理理念、服务意识、治理机制、治理体系和服务手段，要充分体现以人民为中心的发展思想，让广大人民群众在接受服务的体验中拥有更多的获得感、幸福感。通过“服”解决广大群众反映出的脸难看、门难进、办事难、办事慢、跑断腿等问题，出台系列便民措施，营造出权利公平、机会均等、规则公平的环境条件，充分调动市场主体参与市场竞争的积极性，并为广大群众创造更多的就业创业机会，更好地满足人民群众对美好生活的新需要。

二、“放管服”改革是应对各种风险和挑战，保持经济持续稳定较快发展的需要

我国要在2020年全面建成小康社会和向着实现社会主义现代化的目标不断迈进，就必须保持经济持续稳定发展。现实地看，我国经济拥有稳定发展的基础条件，但同时也面临诸多不稳定不确定因素，造成了发展中的困难和挑战，尤其是来自外部的挑战更为严峻。当前世界经济增长乏力，贸易保护主义抬头，国际金融市场波动起伏，同时地缘政治风险特别是来自美国挑战的风险日益加剧，增加了我国经济社会发展的不利因素。与此同时，我国一些深层次的结构性矛盾凸显，如供给结构不适应需求结构升级的需要，产业移位中高端的压力增大，保持经济中高速持续增长也承受着一定的压力等等。要保持经济运行持续稳中

向好，就需要有效发挥政府宏观调控的作用，充分挖掘出内需潜力，这些仅靠刺激投资是不够的，还需要体制制度的改革创新。要抓好“放管服”改革，释放出改革的最大红利。推进“放管服”改革成为我国管理体制改革的重要内容和抓手。通过“放管服”改革，有利于激发市场活力，是促增长保就业的重要支撑。通过“放管服”改革，有利于推动大众创业、万众创新，加快新旧动能转换，形成经济发展的持续内生动力。通过“放管服”改革，增加了公共产品和公共服务，有利于增加人民的获得感。

三、“放管服”改革是推动经济高质量发展的需要

我国经济由规模型和速度型发展转向高质量发展，实现经济发展的提质增效，需要紧紧依靠创新驱动，需要实现经济结构的转型优化升级，需要加快新旧动能转换，这些都需要“放管服”改革。经济发展需要新动能，从供给侧看，传统产业的改造提升、新兴产业特别是战略性新兴产业的发展壮大以及龙头企业和高端品牌的培育等，若离开产权制度的创新、企业营商环境的改善、垄断行业的开放和创新机制的构建等，是不可能实现的；也就是说，要通过“放管服”改革促进公平竞争、优胜劣汰，使那些“僵尸企业”有序退出，为有竞争力和市场潜力的大企业腾出发展空间，使有限的资源得到高效配置和利用。从需求侧看，挖掘新消费需求，催生增量消费需求，离不开收入分配制度改革、消费环境改善、财税体制改革和社会保障制度完善等方面的推进，这些方面都要求加快“放管服”改革。

第二节 “放管服”改革面临的问题及原因

近年来，山东各地按照党中央和国务院关于深化行政体制改革、转变政府职能的部署要求，进行了一系列的“放管服”改革，取得了一定的改革成效。但也应看到，随着简政放权、放管结合、优化服务等改革的深化，一些深层次的矛盾和问题突现出来，需要进行深入的研究。

一、“放管服”改革面临的问题

“放管服”改革面临诸多问题，主要表现在以下几个方面：

1.推进简政放权仍有很大的空间

实行简政放权后确实激发出动力和活力，但简政放权并没有完全到位。如国务院部门行政许可和中央指定地方实施的1300多项行政许可中，有些行政许可并非必需项，这些项目在不同的行政领域窒息了市场活力和动力。一些审批和许可事项虽然改为登记、备案、行政确认等形式，但也是换汤不换药，并未有实质性的改变。山东省也同样存在着这样一些问题。

2.实行集中行政审批方式后管理体制机制仍未理顺

形成行政审批权的相对集中是深化行政审批制度改革的重大步骤和突破，体现为行政审批在部门内向一个处室集中，有效消除了处室之间争夺权力的弊端，同时又将行政审批向政务服务大厅集中，避免了企业或个人在不同部门之间跑来跑去。当然，在审批事项向政务服务大厅集中后，又暴露出管理体制上和机制上的一些问题，主要表现为这样几个方面：一是在机构设置上没有实现精简。有些地方在政务服务中心仍设立行政审批科室，并没有减少行政部门，甚至还增设了新的机构，增加了新的人员和编制，行政效能的提高受到新的制约。二是形式上组建了政务服务中心，但审批权的实质性集中并未体现出来。建立政务服务中心仅将原来的分散审批办法变为集中受理，但并未从根本上做到行政许可权的实质集中，行政审批涉及的关键审核仍需要返回原审批部门来完成，多头审批许可的弊端并未从根本上得到改变，行政许可效率仍受到一定的制约。三是政务服务中心还应进一步提高协调力度。建立政务服务中心，将众多职能部门的行政审批业务集中在一个服务大厅衔接办理，为的是让公众只跑一次，实现一次性受理，一站式办结，真正做到方便群众，提高办事效率，降低制度性成本，适应现代市场经济讲求效率的内在要求。但有些政务服务中心由于应有的职能缺失、权威性不足以及素质的局限等，往往是心有余而力不足，在行政审批程序控制和规范方面没能发挥出应有的作用；甚至有的地方“一个窗口受理办结”“一次取件”看起来节省了企业取件的次数和时间，但实际上是需要办齐全部证件才能一次取走，在多个证件同时办理的情况下，必然存在取件的“肠梗阻”现象。

3.“放权”和“承接”之间不顺畅，推进简政放权存在“真空”地带

在简政放权中下放的一些行政审批事项专业性和业务性强；到了地方基层，因相关机构设置、必要的基础设施、专业人员、技术条件和资金等方面的制约，权责不匹配现象严重，承接能力弱的问题突现，难以用好下放的权力。

4.监管转型明显滞后于审批改革，有效监管有待于提升

“放管服”改革后，监管也应逐渐从事前审批向加强事中事后

监管转变;但由于体制、机制和监管方式尚不完善,责任部门在制度执行、有效落实监管方面还存在许多短板。

(1)在一些地方和部门存在着"重审批、轻监管"的思想,对"放管服"改革后的监管重视不够,监管力量配备不足,强化监管的办法不多,往往停留在或习惯于运动式或应急式监管,缺乏现代应有的常态监管手段与方式,甚至在一些部门或领域出现了以批代管、放管严重脱节、以考试培训替代监管等现象。还有的部门和人员缺乏为民服务意识,仅看重权力,重权力轻服务,把权力当作服务,以至于自由裁量权行使不规范、随意性执法和选择性执法问题较为突出和普遍。

(2)综合监管机制不健全。在现代市场经济条件下,市场竞争能有效激发出市场主体的积极性和主动性。市场主体不仅大量涌现,而且越来越多的企业为寻求规模发展和赢得商机而进行跨行业、跨地区生产经营,这就使得多个行政机关拥有同一行政审批权限;而各行政机关监管标准不统一,导致监管缺位和监管重复等诸多问题。

(3)监管力量有待于强化。近年来,山东简政放权工作取得了显著成效,办事效率明显提高,群众满意度有所提升,但随着各类市场主体的不断增多,相关部门监管的压力也越来越大;而现实中上层在下放审批事项时并没有相应下放编制和人员,基层监管力量明显不足,影响着监管的到位和全覆盖,也就容易出现监管不力问题。特别是随着"一次办好"改革的深入,山东省也加大了事中事后监管力度,在一些地方搭建统一智慧综合监管平台,创新开展"双随机一公开"改革,在监管时随机抽取检查对象,随机选派执法检查人员,并将抽查情况及查处结果及时向社会公开,解决一直被群众诟病的监管检查混杂"人情"成分等问题,充分体现监管的公平性、规范性和简约性，但同时对监管人员配备提出了较高的要求。对一些地方政府监管部门来讲，某些单位建制较小，较难组织专门监管力量去建立健全“执法检查人员名录库”，致使该项制度的落实难度较大。而且新旧动能转换是用“四新”（新技术、新产业、新业态和新模式）来推动“四化”（产业智慧化、智慧产业化、跨界融合化和品牌高端化），这些新经济发展模式与传统经济发展模式差异很大，政府部门依靠现有的认知和管理水平难以实现有效监管，需要建立一支优秀的队伍，提供监管能力，做到既有效防范风险又能管而不死，这成为加强事中事后监管需要解决的重要问题。

(4)部门联动机制不健全，存在着“信息孤岛”问题。“互联网＋”、大数据等现代信息技术极大促进了政府部门之间的互联互通和审批信息的共享，但有些部门的核心业务系统往往在纵向专网上运行，条条块块分割严重，在横向上难以实行互联互通，公民的户籍、就业、教育和企业的工商、税务等基本信息都呈现严重的分散的碎片化状态，因而给群众和企业办事带来了诸多不便。

5. 基本公共服务有待于进一步加强

山东各地近年来积极推行便民惠民改革措施和政策，使广大群众得到了实惠，取得了良好效果，但与党中央、国务院对优化服务改革的具体要求看仍存在一定的差距，在提供服务的方式方法、管理制度等方面还需进行改革与完善。主要表现为：一是公共服务社会供给率仍然较低。由于扩大公共服务的管理制度和机制不健全，政府主管部门仍希望对社会服务组织有较强的管控力，不愿更多地通过市场机制进行调节，开放服务市场受到了一定程度的制约，从而导致服务市场缺乏规范和公平的竞争环境，难以充分调动起社会各界参与公共服务的积极性、主动性和创新性，部分服务市场还有待进一步放开。二是基层政务服务效率有待于提高。虽然山东许多地方按照简化优化公共服务流程试点的相关要求形成了公共服务事项目录，并规范了服务事项办理流程，但目前仍然有许多事项办理从理念到方式方法都比较落后，如为民服务大厅大多建立了专项服务窗口，各窗口彼此间没有业务交叉，容易出现忙闲不均的情况，企业和群众办理服务事项的等待时间较长。三是公共服务反馈机制不健全。推动"放管服"改革要突出以人为本的服务理念，当前公共服务侧重于服务的量，而忽视服务的质量提升；注重服务前的民意调查，而轻视服务后的群众反馈。这反映出有些政府部门和人员在服务理念上存在较大的偏差，服务意识还停留在公共服务"只要有就行"的层面，忽视了依据企业和群众的效果反馈应作出必要的调整。

二、存在问题的主要原因

近年来，我国不断推进经济体制、行政体制、科技管理体制等方面的改革，在实践中取得了明显成效，有力地推进了新旧动能转换。但还应看到，产生上述问题是由多种原因造成的，主要原因如下：

一是对新发展理念的认识不到位。新发展理念要求创新发展，必须破除旧发展理念。这是因为，旧发展理念不能根据发展了的形势和发展规律的要求去求变革，对事物的发展会形成巨大的制约，在"放管服"上就难以成为积极的推动者。

二是政府与市场的作用边界有待于进一步明晰。从实践看，在简政放权中政府职能转变不到位，"监管跟不上"和"服务不到位"并存，服务效率、信息公开等方面与"亲、清"新型政商关系的目标仍有一定距离，需要进一步明晰政府的职能作用是什么。在现代市场经济条件下，若不有效发挥市场的调节作用，政府还会包揽更多的事情，简政放权就会受阻甚至难以到位，而市场机制的调节作用不到位就容易出现低效。

三是市场化程度不高也制约着“放管服”的推进。市场化程度不高的地方，政府在简政放权中就不易移交不应管或不该管的事情，“交”与“接”就不顺畅，也在一定程度上影响着“放管服”的进程。

第三节　新旧动能转换中“放管服”改革的目标和主要任务

国际竞争加剧、国内竞争深化、中国特色社会主义现代化建设的新形势要求深化“放管服”改革。在新旧动能转换中“放管服”改革应坚持正确的目标和明确主要任务。

一、“放管服”改革的目标

简政放权不是为了放权而放权，而是要放管结合、管服结合，在放权的同时加强事中事后监管，既维持市场稳定又增强市场活力。同时，还要创新监管，更加有效地维护公平竞争的市场环境，为新旧动能转化提供有效供给。深化“放管服”改革，目标之一是应对国际日益加剧的竞争，全面建设国际化、法治化和便利化的一流营商环境。深化“放管服”改革，目标之二是应对国内日益激烈的竞争，提高地方竞争优势。各地、各部门、各行业的情况不同，“放管服”改革的目标也应有所不同。如环保部门“放管服”改革的目标应体现推动生态环境治理体系和能力的现代化，大力提升生态环境管理效能，激发经济发展活力和动力，发展绿色环保产业，切实推进经济高质量发展。

二、“放管服”改革的主要任务

“放管服”改革的主要任务如下：

1.通过简政放权增强企业的活力和动力

要科学分析现有的审批和许可事项，除关系国家安全和重大公共利益等的项目外，其他事项要通过下放、取消、规范等方式实现简政放权，而且要尽快整改那些以备案、登记、行政确认、征求意见等为名的变相审批和许可事项。

2.建立以信用为基础的监管模式

长期以来，市场监管盛行一罚了之，但对违法失信问题的处罚又过轻，达不到震慑效果，造成执法成本高而违法成本低。国内外经验表明，信用监管是现代市场经济成本低而效益高的监管方法。当前，应着力构建以信用为主的监管模式，通过建立市场主体征信系统、失信黑名单、守信红名单，健全相应的管理制度，鼓励企业诚信守法，使人不敢失信、不能失信，形成守信激励和失信惩戒体制机制。

3.强化纵向监管，维护统一市场

实现高质量发展离不开开放统一的市场。如果市场被分割，地方保护主义盛行，必然造成资源要素不能自由流动。企业在不公平的机制下进行竞争，易带来低端落后产能难以被淘汰，优质产能难以胜出。对此，需要全面实行市场准入负面清单制度，清除妨碍统一市场的做法。例如针对金融、证券、环保等全国性或跨区域事务，中央部门要加强垂直管理；针对土地、贸易、安全生产等中央和地方共同管理的事务，中央和省级部门要加强督办督察，从纵向上促使地方监管部门依法履职，以维护统一的市场。

4.推行更加简约实用的监管方式

在市场经济条件下，市场主体复杂多样，市场活动复杂多变，靠传统的监管方式，如年检年审、检查检测、评比验收、交费收费等，无法适应企业发展的新形势，必须创新监管方式，采取有效的监管方法。在实践中，“双随机一公开”抽查、大数据监管、信用监管、综合监管、智能监管等新型监管方法简单实用，还可以运用舆论监督、行业自律、投诉举报等手段进行预警，进一步提高监管效率。

5.对新经济、新业态采取包容审慎的监管

当前，数字经济、分享经济、移动支付、人工智能迅速发展壮大，在推动新旧动能转换、实现经济转型升级、推动“双创”等方面都发挥着重要作用。但对这些新经济、新产业、新业态如何进行监管，目前还缺乏经验。按照鼓励创新、优胜劣汰的准则，对新经济、新业态可采取“包容审慎”的监管；对新业态要有一个观察期，对属于创新发展的，要探索符合其特点的监管模式，形成规范健康的发展环境；对于借创新名义搞违法经营、损害公众利益的，要严格监管，依法严惩。

6.落实主管部门的监管责任

当前，“重审批，轻管理”问题依然未能很好地解决，有些审批取消下放后，事中事后的监管没有跟上，出现监管缺位。要按照“谁主管，谁监管”的原则，落实业务主管部门监管责任。对于跨行业、跨领域的监管，如食品、金融等领域，因涉及多个部门，需要明确各部门的职责分工，健全协调配合的支撑性机制，细化监管责任。

第四节 推动新旧动能转换中“放管服”改革的措施

要优化提升“放管服”改革，建设一流的营商环境与政务环境，需要措施得力，持续简政放权；要创新监管形式，打造公正的法治化竞争环境；要优化政府服务，打造便利化公共环境。

一、组建高效的行政审批机关，为经济高效高质量发展创造条件

探索建立行政审批局，并明确审批与监管权责划分。可按照“撤一建一”的原则，撤销诸如政务服务管理中心办公室，组建行政审批局，形成审批职能集中模式。这样不仅能够实现机构整合，推进行政机构减量改革，而且能够理顺管理体制。建立行政审批局后，应构建新的审批运行机制，健全与新审批管理体制相适应的机制和流程，由行政审批局统一使用“审批专用章”，做到“一枚印章管审批”，也真正实现一站式办理办结。

在深化行政审批改革中，审批类别将行政审批职能及划转的权力事项划分为项目审批、资格许可、市场服务、社会事务和环保安全等几大类，并可相应组建专门的审批科室，推进相对集中行政许可权制度建设。同时，明确审批与监管权责划分，“审管分离”是重要的改革取向。在推进“审管分离”的过程中，为避免审批与监管各自为政、相互脱节，应进一步明确双方的职责，如行政审批局专注于审批，负责事前程序的审验；其他职能部门在剥离审批职能后，应及时转向强化事中事后监管职能。审管权责明晰后，应建立审批与事中事后监管信息共享机制，实现审批与监管之间的信息实时交流、无缝对接。

二、持续简政放权，打造良好的市场环境

一是深化行政审批制度改革，取消或减少审批事项，使行政审批便捷、高效、透明，建立既能发挥市场决定性作用又能弥补市场缺陷的行政审批制度。要继续削减审批事项，突出服务功能，建立服务型行政审批制度、自上而下的行政审批服务体系以及规范化、标准化、信息化的行政审批制度。持续削减审批事项，应追求以精准放权增强群众的获得感为目的。当前，群众对企业投资、资质资格许可认定、科教文卫等事项反映强烈，行政审批要以这些事项简政放权为重点。二是深化投资审批改革。要取消、下放、减少投资项目的审批，规范投资前置性审批。要通过平台提升监管效率，投资项目审批事项要纳入全国投资项目在线审批监管平台、全国信用信息共享平台等。为做好企业投资的服务工作，可以在建设项目立项、规划、建设、验收环节实行并联审批，实行企业投资项目“多评合一”。三是加大清费减税改革。为了减轻企业负担，降低企业成本，要减少经营服务性收费；按照“最多跑一次”的改革要求，清理行政审批前置服务收费；清理规范行业协会商会会费和各类中介收费等；加强涉企经营服务性收费监管，完善举报、查处和问责机制，遏制各种乱收费。四是完善清单管理制度。权责清单管理是深化“放管服”改革的重要保障。通过梳理编制清单，厘清权力范围，明确哪些权力该放，哪些事务要管，使政府和市场的权责边界更加清晰，做到清单之外不可为，为深化“放管服”改革、简政放权提供根本遵循。

三、加强监管创新，打造新时代法治化竞争环境

一是加强监管方式创新。建立巨额惩罚性赔偿制度，完善市

场主体首负责任制，实施产品质量保险制，实现以行政处罚为主的惩罚方式向以赔付消费者为主转变，实施公正公平监管。二是推进综合监管。综合执法改革是整合监管队伍、提高监管效率的主流趋势。要实现工商、质监、食药监领域“三合一”，系统整合文化、环保、卫生、城管等方面的监管内容，建立一支综合的监管队伍，搭建综合市场监管执法平台，切实形成大市场、大监管的格局。同时明确执法边界。根据执法重心下沉原则，省、市级政府职能部门主要职责是加强执法的监督指导，协调跨区域执法；区、县级政府部门则侧重于加强执法队伍建设，实现管理属地化管理、执法扁平化，并进一步推进街道层级的综合执法，针对街道层面发生频率较高、与街道管理密切、街道能够承接并管好的执法事项，如城市管理领域的执法，向街道层级下沉机构和人员，统筹区、街综合执法管理工作，以解决街道“看得见、管不着”的问题。三是加强信用监管。首先，要建立与完善社会信用体系，构建以信息归集共享为基础、以信息公示为手段、以信用监管为核心的监管制度，强化信用约束力度，让违规主体“一处违规、处处受限”。其次，要加快推进诚信制度建设。实施信用联合惩戒机制、发布经营异常名录，完善企业信用“红黑榜”，公布“纳税光荣榜”。对进入异常名录和“黑名单”库的企业名单实行限入制度。再次，要加强重点领域政务诚信建设，充分发挥政府在诚信建设中的作用。例如，加强政府债务领域政务诚信建设，清偿政府债务；加强政府招商引资领域的诚信建设，认真落实各项政府合同，切实履行政府公共政策与政府承诺，不能因为政府换届、相关责任人更替等原因而违约。

四、优化政府服务，打造便利化公共环境

一是抓好惠企服务效率。对已经出台的各类惠企、涉企政策进行整合，通过系统梳理汇编，确保政策的实施效果。搭建政府和企业信息渠道，建立地方政府联系企业负责人制度，及时掌握企业动态。开展重点企业服务活动，建立“服务重点企业微信群”“服务小微企业微信群”，加强政企互动，促进问题的解决，提升服务效率，提高企业满意度。构建“亲”“清”的新型政商关系。坚持普惠共赢原则，明确政商交往的“负面清单”，为企业发展提供更广阔的发展舞台。二是提高政务服务效率。建立综合服务体系，不断提高人民的满意度。建立业务大厅，根据受理业务复杂程度、事项办理类型、事项办理时间长短对现有窗口进行整合，采用前后台业务分离模式，解决窗口忙闲不均的问题，提高窗口为群众和企业办理事项的效率。全面梳理公共服务事项目录，向社会公开公共服务事项办理目录，方便群众查询；开展“减证便民”行动，向社会公示应取消的证明，减少证明过度的现象；对标国际、国内先进评价标准，极大提高政务服务效率。三是打造“互联网＋服务”平台，提高服务效率。依托“互联网＋服务”，推进服务事项网上办理全覆盖，推广“不见面审批”“一次都不用跑”或“最多跑一次”的改革，实现“一次办好”向“一次不跑”转变。推进“在线咨询、网上申请、快递送达”的网上办事模式，实现实体政务大厅向网上政务大厅拓展。四是改进服务供给结构，横向上提高服务供给率。转变管理理念，创新体制机制，完善基本公共服务体系，强化政府购买服务，积极推进政府和社会资本合作模式，以利益共享和风险共担为基础，发挥双方优势，实现公共服务价格和质量监管由政府部门负责，生产、建设、运营和服务输出等由社会资本承担，从而保证公共利益最大化，提高公共产品或服务的质量和供给效率，提高公共服务的合作供给能力和水平。

五、清理与规范中介组织，优化政务环境

在发展社会主义市场经济中，中介组织在服务企业发展方面发挥出积极作用，但受市场化程度的限制，以及存在无照经营、超范围经营、行业垄断、强制代理、利益输送和价格混乱等问题，必须对行政审批涉及的中介服务事项进行清理规范，探索实行清单管理，明晰中介组织服务事项的名称、设定的依据和收费标准以及服务时限等，并向社会公开，接受社会监督。同时，要进行中介组织管理体制改革，要按照政企分开、政事分开的原则，挂靠单位或业务主管部门要与中介机构脱钩或通过改制，维护公平竞争的市场环境，推动中介服务市场有序健康发展。

六、建立与完善由企业和群众评判“放管服”改革成效的机制

为企业和广大群众提供优质的公共产品和高效的公共服务，是政府的重要职责。转变政府职能，就是要从企业和广大群众的需求出发，加强薄弱环节，解决突出问题，提升服务能力和水平。首先，政府通过购买服务，在社会组织中公开选择反馈信息收集机构，对享受服务的企业或群众的反馈信息予以收集整理，并保证反馈机构的独立性与合法性。然后，在收集整理的基础上，通过社会第三方机构对公共服务反馈信息及时进行监测与评估，并形成对政府服务的评价与建议。最后，政府部门按照时效性、公平性的基本原则及时对反馈信息予以处理，从而促进反馈机制的形成并发挥出应有的作用。

第八章　以新旧动能转换推动现代产业体系建设

党的十九大报告提出:“着力加快建设实体经济、科技创新、现代金融、人力资源协同发展的产业体系。”这是中国特色社会主义进入新时代,着眼于建设现代化经济体系这个战略目标而提出的一项重要战略性举措。2018 年,山东省为建设现代化经济体系,实现经济高质量发展,把加快新旧动能转换作为统领全省经济发展的重大工程。山东省东部产业体系优于西部,西部经济基础薄弱,产业结构欠优,应抓住新旧动能转换这一难得的历史机遇,通过构建现代产业体系,实现经济增长由追求规模、速度向高质量发展的转变。

第一节　推动现代产业体系建设的必要性

现代产业体系是一国经济发展的重要支撑力量,推进现代产业体系建设具有必要性。

一、推动现代产业体系建设是决胜全面建成小康社会的现实需要

现代产业体系是体现一个国家或区域经济发展水平和综合实力的重要标志。目前,山东已初步建立起了门类较全、特色明显和具有一定比较优势的产业基础及产业体系,但发展极不平衡。如西部资源、区位、人才等资源优势尚未得到充分挖掘,工业实力不强,自主创新能力整体较弱,高端产业和新兴产业发展滞后,经济发展水平与东部发达地区相比存在较大差距。面对不足和差距,西部必须立足自身基础,充分利用资源优势和新旧动能转换的有利机遇,加快构建现代产业体系,增强产业发展活力,为经济持久快速发展注入强大内生动力。

二、推动现代产业体系建设是应对新一轮产业竞争的必然选择

新一轮科技革命孕育新突破,信息技术与各领域的深度融合为发展提供了机遇。但是,新一轮产业在国际上的分工格局正在被重塑。伴随"高端回流""低中端分流"的双向挤压,产业竞争更加激烈,能否顺利建成现代化经济体系,直接取决于实体经济、科技创新、现代金融、人力资源协同发展的现代产业体系建设状况。因此,只有把壮大实体经济、构建现代产业体系作为学习贯彻落实党的十九大精神,加快高质量发展的重要内容之一并纳入工作目标,才有可能抓实抓细抓出成效。

三、推动现代产业体系建设是加快新旧动能转换,实现高质量发展的必然要求

随着我国经济多年持续高速增长,资源优势、比较优势已发

生变化，产业动力减弱，经济已由高速增长阶段转向高质量发展阶段。推动产业高质量发展是当前和今后一个时期经济工作的重中之重。山东省作出新旧动能转换的重大工程实施规划、提出新旧动能转换，是实现经济高质量发展、构建现代化经济体系的战略选择。目前，山东西部如菏泽市经济发展迅猛，但增长过度依赖资源能源消耗，产业层次较低、质量效益不高、环境污染严重等问题突出。破解这些难题，增强经济发展活力，必须加快建设实体经济、科技创新、现代金融、人力资源协同发展的现代产业体系，转变发展方式，实现经济高质量发展。

四、推动现代产业体系建设是带动产业结构优化升级的重大举措

现代化进程首先体现为科技不断进步、产业结构不断升级、产业层次和水平不断提升的产业发展过程。随着经济全球化的深入发展，不同国家、区域和城市竞相把推进产业结构优化升级、提升产业层次和水平、抢占产业发展制高点作为增强核心竞争力的战略着力点。针对国际国内形势的深刻变化，中央及时作出了发展现代产业体系的战略部署，出台了一系列加快产业结构调整的政策措施。面对新形势新任务，只有牢牢把握经济转型和产业发展规律，用足用活各项政策，加快构建现代产业体系，推进产业结构优化升级，才能在未来竞争和发展中赢得主动权。

第二节　山东西部现代产业体系的现状

本节以西部菏泽市为例，分析西部近年来现代产业体系的现状。菏泽市积极践行新发展理念，围绕构建现代产业体系，坚持

生态优先、绿色发展，加快新旧动能转换，积极推进产业结构战略性调整，推动产业链向中高端延伸，特色产业竞争力不断增强，为全市高质量发展提供了重要支撑。

一、菏泽市在建设现代产业体系中取得的成就

菏泽市在建设现代产业体系中取得的成就主要表现为以下几个方面。

1. 农业经济平稳发展，产业基础逐步稳固

菏泽市积极调整优化农业经济结构，农业综合生产能力大幅提高，农业基础性功能不断拓展，生态农业、设施农业、品牌农业迅速发展，现代农业的总体格局正在形成。2017 年，农业实现增加值 203.29 亿元，按可比价格计算，同比增长 3.4%；粮食总产量为 773.35 万吨，比上年增加 6.84 万吨，增长 0.9%，实现十四连增，总产创历史最高水平；全市农作物耕种收综合机械化水平达到 87.1%，同比提高 0.6 个百分点。[①]

2. 工业结构优化升级，质量效益不断提升

菏泽市加快推进工业化进程，大力实施工业强市战略，精心组织工业经济运行，以加快转型升级为主线，以着力培育四大主导产业为抓手，扎实推进供给侧结构性改革，工业经济继续保持平稳较快增长的良好势头，发展速度一直领跑全省，提质增效成效明显。2017 年，全市工业完成增加值 1281.26 亿元，同比增长 9.6%；规模以上工业企业达到 3596 家，规模以上工业增加值增长 10.45%；实现主营业务收入 8224.30 亿元，同比增长11.8%；全市高新技术产业企业完成总产值 2844.92 亿元，比上年增长

---

① 参见《2017 年菏泽市国民经济和社会发展统计公报》，菏泽市统计局，2018 年 3 月 30 日。

18.6%。高新技术产业总产值占规模以上工业总产值的比重达33.74%，比上年提高1.05个百分点。[①] 东明石化产业园、中国北方医药城和鲁西南大数据中心等一批项目被列入山东省新旧动能转换重大工程实施规划。

3.服务业规模扩大，所占比重持续提升

围绕服务业繁荣、升级和发展，菏泽市抢抓新机遇，发掘新动力，开拓新空间，不断优化服务业发展环境，服务业总体规模不断扩大，服务业所占比重不断提升，已成为结构优化的重要动力。2017年，全市服务业增加值占地区生产总值的比重达到38.2%，同比提高0.8个百分点，济铁、传化等现代物流园区建成投用，天华新媒体广告产业园被认定为“国家广告产业园区”“全国广告业创新创业示范基地”，其中现代服务业增加值占服务业增加值的51.9%，同比提高0.7个百分点。全年实现社会消费品零售总额1650.45亿元，比上年增长9.8%。随着菏泽市商贸物流基地建设的推进，全市商品交易市场类别不断增多，个数不断增加，成交额不断扩大。2017年年末，全市共有亿元商品交易市场55家，全年市场成交额达201.5亿元，商品交易市场逐步走上规模化和专业化的良性发展轨道，有力推动了全市商品流通的发展。

4.科研投入加大，创新能力逐步增强

菏泽市坚持创新驱动发展理念，大力实施大众创业、万众创新战略，着力打造经济增长新引擎，积极推动规模以上企业转方式调结构，不断加大科技投入，创新能力显著提升。2017年，全社会研发投入40亿元，占地区生产总值的比重达到1.4%；国家“千人计划”专家引进实现零的突破，新增院士工作站8家、省级

① 参见《2017年菏泽市国民经济和社会发展统计公报》，菏泽市统计局，2018年3月30日。

以上科技企业孵化器2家、农科驿站40家。全市共组织科技计划104项,其中省级以上77项;取得重要科技成果148项,其中1项获省奖励。随着高新技术成果的推广应用,科技进步为地方经济发展带来的巨大推动力日益显现。

5.金融机构不断发展,支撑能力逐步提升

目前,交通银行、浦发银行、恒丰银行、枣庄银行等多家金融机构入驻菏泽,为菏泽经济发展注入了新的活力。截至2017年年底,全市金融机构各项存款余额3494.80亿元,比年初增加470.09亿元,同比增长15.5%;各项贷款余额2010.62亿元,比年初增加205.56亿元,同比增长11.4%。

二、菏泽市现代产业体系建设存在的主要问题

菏泽市现代产业体系建设存在的问题主要表现为以下几个方面。

1.现代农业发展进程缓慢

一是农业产业化水平低。农业细分产业多、分布散,农业企业“小、散、杂”,上下游各类经营主体单打独斗、各自为战的局面没有得到根本改变,尚未形成一条配套完整、关系紧密、特色突出的产业链。全市农产品加工业总量不小,但是大多都是“原字号”的粗加工,农产品附加值低,总体效益不高。2017年,全市农副产品加工企业达到1929家,占四大主导产业的53.6%,主营业务收入288.14亿元,仅占四大主导产业的35%;缺乏叫得响、在国内有影响力的大企业、大农场、大基地,农村一、二、三产业融合发展滞后。二是农业劳动力质量下降,农业发展后劲不足。随着城镇化进程的推进和农村劳动力转移速度加快,大量农村青壮年劳动力外出务工经商,转移到二、三产业,留守的农业劳动力整体素

质受到影响。现在从事农业生产的劳动力多数是"386199"部队(指妇女、儿童、老人群体),对市场致富信息反应迟缓,致使农业生产管理粗放,发展后劲不足。三是农业科技成果转化和推广能力不强。现阶段,全市农民整体文化程度偏低,尤其是具有一技之长、能擅长运用现代科技从事农业生产的人数不多。据农村住户抽样调查资料显示:菏泽市农村劳动力人口中,小学及以下文化程度人口占总人口的27.1%,初中文化程度的占53.7%,高中文化程度的占15.7%,大专及以上文化程度的占3.5%。这种农民文化结构、技能结构直接影响农业新技术的应用以及发展现代农业的进程。

2.工业发展面临困难增多

一是工业增速放缓。菏泽市大中型企业已进入稳定运行期,短期内产能难有大的扩张,对经济增长的拉动力将会逐渐减弱。中小企业经营困难。2016年,纳税前100名的工业企业入库税金同比增长19.8%,而100名之后的3000多家企业入库税金下降4.8%。近年来,菏泽市工业用电量增幅持续回落,在全省位次逐步后移。2012～2014年,工业用电量增幅均居全省第1位,2015年居第3位,2016年滑落到第11位,2017年仅居全省第14位,增幅下降了0.79%,各县、区中只有成武、定陶、单县、巨野四个县区保持了正增长。工业用电量是工业经济的"晴雨表",即便部分企业通过节能降耗、技术提升减少了用电量,但总体上工业用电量持续下降,说明工业运行出现了困难。二是大项目少,产业层级低。近几年,菏泽市新开工和竣工投产项目个数不断减少,缺乏龙头型和产业关联度高的工业项目,投资过10亿元的屈指可数,过50亿元的更是凤毛麟角。现有工业企业大多创新能力弱,初加工、粗加工产品多,拳头产品和名牌产品少。生物医药、

高端设备制造、高新技术企业近年来虽然发展速度较快,但总量仍然偏低,企业数量也较少。生物医药和机电设备制造主营业务收入仅占全市总量的20.4%,高新技术企业仅占全市规模以上企业数的8.2%。三是资源消耗型、高能耗企业多,发展环境压力大。虽然菏泽市现在有不少投资项目,也紧紧跟随产业结构调整和优化升级的步伐新上了很多高精尖的项目,但必须看到,在一些行业也出现了不少低水平重复建设的情况,经济增长的速度、质量和效益没有实现很好的结合。

3.现代服务业规模小,结构欠优

一是服务业占比偏低。2017年,菏泽市服务业增加值占全省的3.1%,低于同期GDP占全省的比重(3.9%)0.8个百分点。从总量上看,在山东省"西部经济隆起带"六市中,全市服务业增加值仅相当于临沂的51.5%和济宁的53.2%。从产业布局来看,菏泽市三次产业结构为10.0∶51.7∶38.3;虽然与2012年相比第一、二产业分别降低3.5和2.8个百分点,第三产业提高6.3个百分点,但其占比在山东省西部六市中仍居末位,比居第五位的聊城低0.8个百分点。二是结构不合理。传统服务业(房地产业、批发零售、餐饮住宿等)仍占据主导地位。2016年,菏泽市房地产开发投资额占服务业投资总额的比重高达51.6%;电子商务、软件信息、互联网、科学研究、技术服务等生产性服务业落后于制造业;研发、设计、创意等服务业供给明显不足。尽管家庭服务、游乐和休闲观光、体育文化等新兴服务业正在快速发展,但企业数量规模均存在明显不足。三是服务业市场化水平低。除了商业、一般服务业、公路运输等部门外,其他行业如金融、保险、电信、铁路等非国有经济比重很低。这些行业依然要接受政府的定价或调价指令,即使在经营亏损时也可获得财政补贴,导致企业经营管理水平长期难以提高，劳动生产率提高缓慢。而针对教育、文化、医疗、出版、城市公用事业等行业，只看重其公共服务、社会福利、意识形态等非经济职能，而忽视其作为产业的经济含义和要求，影响了这些行业的正常发展。

4.企业科技创新能力不足

一是企业创新主体意识不强。党的十八届五中全会将创新发展列为五大发展理念之首，部分企业科技创新意识较之以前有明显增强，但绝大多数企业发展观念陈旧，趋利思想严重，缺乏前瞻性、战略性发展眼光，创新理念滞后，动作迟缓。二是科技创新引领人才匮乏。人才是创新的主体，是企业科技创新的第一资源。近年来，尽管菏泽市在国家级、省级重大人才工程中均实现零的突破，但科技创新人才数量少，层次不高，与企业的发展需求存有较大缺口，特别是高端技术人才奇缺。2016年，全市规模以上工业企业研发人员数量占职工总数的比例仅为1.6%，分别比全国的3.2%、全省的3.6%低1.6个百分点和2个百分点；全市入选国家“千人计划”的专家只有1人，仅占全省的0.5%。三是研发投入数量少、研发企业少。国际经验数据表明，研发经费投入占主营业务收入的比重低于3%的企业难以长期生存，一些高技术领域的跨国公司研发经费占主营业务收入的比重一般超过5%。目前，菏泽市规模以上工业企业研发经费占主营业务收入比重在0.4%左右，与国际标准差距较大，规模以上工业企业开展科技研发活动的企业仅占企业总数的6.2%左右。四是政府财政引导能力不足。近年来，各级政府不断加大支持力度，出台相关政策，引导企业加大科技创新步伐。但由于地方财政紧张，财政引导资金投入少，政府资金在研发经费中的比重持续走低。目前，全市规模以上工业科技研发经费中政府资金在4000万元左

右，占研发投入的比重不足1.5%，低于全省平均水平1.5个百分点左右。

5.产业发展环境有待优化

一是营商环境欠优。近几年，尽管菏泽市制定出台了一系列支持产业发展的政策，但环境仍不够宽松。一些政策措施不够实，可操作性不够强，对企业支持的成效不明显。一些主管部门强化服务的意识还有欠缺，没有真正做到“急企业之所急、想企业之所想”。有的企业反映，基层一些审批和执法部门不依法行政，吃拿卡要的现象依然存在；行政审批事项有待于进一步精简，企业上项目的审批环节还比较烦琐，耗费的精力较大。二是融资难问题突出。受经济下行压力加大的影响，银行收紧信贷，很多企业特别是中小企业融资难、融资贵的问题十分突出。不少企业为了贷款，组成担保圈或担保链，一旦其中的一个企业丧失还贷能力，就极易引发连锁反应，存在的潜在金融风险不容忽视。另外，一些中小企业因土地、厂房手续不全，自身管理不规范，也造成了融资困难。三是环保压力趋紧。国家对环境容量、节能降耗、节约用地的要求越来越严，制约着一些产业的发展。菏泽被确定为京津冀大气污染传输通道城市，被纳入环保部下步专项督查的重点区域。按照重污染天气应急预案，一旦启动应急响应，对菏泽市的能源化工企业影响很大。四是高层次人才紧缺。由于在政策、环境等方面对科技创新人才的吸引力仍然不够，企业吸引人才、留住人才特别是高端人才的难度很大。全省规模以上工业企业研究与开发人员占职工总人数的比例为3.6%，菏泽市仅为1.63%，低于全省平均水平1.97个百分点。多数企业缺少技术创新带头人，尤其缺少解决高精尖技术问题的高层次人才和带动产业发展的创新领军人物。

第三节　加快建立现代产业体系的路径

加快建立现代产业体系应采取以下路径：

一、强化“四新”农业培育，推进形成高成长现代农业

在新旧动能转换的大格局下，菏泽市应立足本地实际，积极适应经济新常态，紧扣时代主旋律，着力培育农村发展新引擎。一是加快特色产业发展。菏泽市农业比较优势明显，县域农业格局基本形成，牡丹、山药、芦笋、大蒜和中药材等特色农产品基地建设初具规模。要加快板块经济建设，使特色农产品向优势区域集中，形成有一定规模、有一定档次，在全省乃至全国有一定地位的大板块、大基地，显现聚集效应，增强特色农业竞争力。二是强化龙头企业引领作用。农业龙头企业是接受现代物质技术装备的有效载体，是全面提高农民综合素质的最佳平台，是建设现代农业最集中的体现。要充分发挥比较优势，通过培育尧舜牡丹产业园、陈集山药合作社、巨鑫源食品、舜王城中药材等龙头企业，加快牡丹、山药、芦笋、中药材等产业化发展，形成专业化分工、社会化协作的企业群和特色产业集聚区，提升全市农业现代化水平。三是加大农业科技创新与成果转化力度。主攻关键领域和薄弱环节，补齐蔬菜、水果等园艺作物和养殖业领域农业机械化短板，推动信息化与农业现代化深度融合，继续实施“互联网＋农业”行动计划，发展智慧农业和农村电子商务，培育“新六产”，实现第一、二、三产业融合发展。

二、强化工业基础地位，大力推进工业强市战略

一是加快改造提升传统产业。要积极引导轻工、机械、纺织等传统产业，明确改造升级路线图，应用高新技术和先进适用技术，提升质量，增加品种，降低消耗，提高效益。要以工艺改造和装备升级为重点，实施“新一轮技术改造计划”，促进四大工业主导产业向创新链、产业链、价值链和财税链“四链”融合转变，结构层次由低端向中高端迈进。二要积极培植壮大新兴产业。突出发展新医药、新材料、新能源、新信息等新兴产业；对高新技术产业重点建设项目和龙头企业，在审批立项、环评、融资、用地等方面要给予重点支持。到2019年年底，全市高新技术产业产值占规模以上工业总产值比重力争达到35%。三要全力培育壮大四大主导产业。四大工业主导产业是菏泽市发展的重要根基，必须加快实现裂变式膨胀，全力培育有竞争力的产业集群，带动工业经济不断迈上新台阶。生物医药产业要以步长制药、睿鹰制药、方明制药、健民制药等企业为依托，深化与国药集团等国内外500强企业的实质性合作，主攻高端高效成品药，全面提升科技创新水平，推动产业持续健康发展。能源化工产业要以东明石化、玉皇化工、洪业化工等企业为依托，突出链条化延伸、集群化推进、园区化承载、高端化发展，千方百计破解环保容量、技术装备、企业管理等方面的制约，全力加快煤电一体化进程，推动能源化工产业进一步做大做强做优。机电设备制造产业要以达驰、华驰等企业为依托，抓住国家实施“中国制造2025”的重大机遇，以发展输变电设备、汽车及零部件、工程机械等为重点，以培育自主品牌为突破口，尽快培育一批主营业务收入过百亿的企业。农副产品加工产业要以巨鑫源、曹普工艺等企业为依托，大力发展“一乡一

业，一村一品”，加快推进农业园区建设，推动粮油、果蔬、林业、畜禽、纺织等产业集群化发展，努力形成大产业、大龙头、大基地系统支撑的发展格局。四是加快工业化和信息化融合发展。顺应“互联网＋”发展趋势，推动信息化与工业化融合，促进电子商务快速发展。不断发展企业电子商务的新型经营业态，将互联网的创新成果深度融合于设计、生产、销售等领域之中，实现工业和信息化的深度融合，促进工业企业长远发展。

三、强化结构优化，推动形成现代服务业发展新优势

一是大力发展生产性服务业。推动服务业新技术应用，促进信息技术向市场、设计和生产等环节渗透，推动生产方式向柔性、智能和精细转变，改造提升传统产业。加快大数据资源整合与应用，通过物联网、云计算等新一代信息技术的成熟应用，发展智慧物流服务。二是壮大新兴服务消费。根据菏泽市人口结构变化及城乡居民消费升级的趋势，挖掘新的消费潜力，发展壮大旅游、文化、养老、健康和体育五大“幸福产业”，全面提升现代服务业的规模、档次和水平。三是优化产业创新环境。在充分发挥市场配置创新资源决定性作用的同时，发挥政府的规划和引导作用，紧紧围绕要素、机制和环境建立一个多要素联动、多主体协同的创新创业生态。在软硬件设施、资金等方面大力支持企业技术中心、重点实验室、创客空间、特色的多层次创新平台，借鉴先进地区的有关做法和政策，鼓励平台联合传统行业进行再创新，让更多创新空间、“孵化器”联合大型企业、传统制造业开展需求型创新项目，提高效率。四是切实加强体制创新。积极研究制定有利于公平竞争、优胜劣汰的市场竞争环境，推进财税体制、金融体制等一系列改革举措，把菏泽市打造成小微企业的创业乐园。

四、强化科技支撑,不断提升创新能力

一是充分调动企业研发的积极性,强化企业创新主体地位。引导企业将科技创新作为发展的突破口,不断加大科技研发经费投入,走自主创新之路;支持和奖励企业积极申报国家、省和地方科技计划项目,建设国家、省和地方重点实验室、企业技术中心、工程研究中心等,着力搭建研发平台,为科技创新提供有力支撑。二是加快引进培育创新人才,增强科技创新智力支撑。充分利用好省委、省政府支持菏泽发展的各项优惠政策,通过建立人才引进发展基金,探索重大科研项目负责人公开招聘等制度,引进能带来重大经济效益和社会效益的领军人才和创新团队,真正实现人才的"名利双收",以破解菏泽市高层次人才匮乏的瓶颈制约。同时,进一步健全企业创新人才信息库和创新项目数据库,实现"以人才带项目"与"以项目留人才"的良性发展机制,为科技创新发展营造更好的环境。三是加大财政扶持力度,构建多元化投资体系。各级政府要不断加大财政投入力度,着力支持重点产业发展,实现科技研发成果的转化;探索设立科技奖励基金,用于企业研发平台建设、领军人才引进、研发成果等方面的奖补。同时运用创业投资、风险补偿、贷款贴息等多种方式,建立完善科技投融资风险机制,引导金融资金和民间资本进入创新领域,建立多元化、多渠道的科技投资体系。

五、强化要素保障,集聚振兴产业的合力

一是进一步优化营商环境。加大简政放权力度,深化行政审批制度改革,该取消的取消,该整合的整合,该下放的下放。实行集中统一审批和重大项目审批代办制度,统一服务标准,对现有

企业和项目与新引进的企业和项目，坚持一个标准、一视同仁。加大纠风治乱力度，严肃查处个别干部不作为、乱作为问题，尽快清理涉企收费，坚决砍掉不合理的收费和中介服务环节，切实降低企业成本，让企业卸掉包袱，轻装上阵，以更好的状态参与市场竞争。二是畅通融资渠道。加大政银企合作力度，引导金融机构加大对工业企业的信贷支持，减少随意压贷、抽贷。用足用好国家、省相关政策，帮助企业做好技改扩能等项目的申报，争取更多的国家项目资金。引导企业利用上市融资、发行债券等直接融资方式，拓宽融资渠道。尽快成立行业性互助担保机构，强化企业金融风险管控，逐步"破圈断链"，防止出现系统性和区域性金融风险。三是提高环境容量。进一步完善重污染天气应急响应机制，变过去停产、限产"一刀切"为差异化减排政策，提高企业应急减排措施的科学性、针对性和实效性。推行排污权等有偿使用和交易试点，统筹分配各县、区环境容量指标。要引导企业牢固树立底线意识，在依法用地、安全生产、环境保护等方面不能有丝毫大意，把责任分解到岗、落实到人，确保不出任何问题。

第九章　坚持以新旧动能转换推进绿色发展

到 2020 年，我国要全面建成小康社会，保持经济可持续发展，形成人与自然、人与社会和谐发展的现代化建设新格局。要实现这一目标要求，就必须坚持“创新、协调、绿色、开放、共享”的发展理念，以新发展理念统领处理好经济发展同生态环境保护的关系，自觉推动循环发展、低碳发展、绿色发展，决不以牺牲环境为代价去换取一时的单纯的经济增长。

2018 年，国务院正式批复了《山东新旧动能转换综合试验区建设总体方案》，中共山东省委十一届三次全会审议了《山东省新旧动能转换重大工程实施规划》和《关于推进新旧动能转换重大工程的实施意见》，并作出了新的部署要求。加快建设新旧动能转换综合试验区，是推动山东省产业转型升级的关键之举，是贯彻绿色发展理念的重要举措。山东各地牢固坚持绿色发展，深刻把握新旧动能转换的总体要求、产业重点和实施路径，撸起袖子加油干，凝心聚力抓落实，大力推进绿色发展，使新旧动能转换重大工程全面展开，迅速推进，落地见效，久久为功。

第一节　绿色发展的背景及其内涵

长期以来，我国经济发展追求的是规模和速度，并伴随着高物耗、高能耗、高污染，这是一种不可持续的发展方式，因而必须转向绿色、高质量、可持续的发展方式。

一、提出绿色发展的背景

绿色发展是经济社会发展的必然产物。这种观念认为，经济社会发展和环境保护不是简单的对立或对抗，而是协调一致、相互促进的。这就破除了传统观点中经济社会发展和环境保护非此即彼的单纯矛盾的观念。它倡议经济模式应当抛弃长期以来粗放型发展的黑色道路，选择激发人类积极性、主动性的节约资源、保护环境、以人为本、和谐相处的路径。毋庸置疑，相对于传统发展模式，绿色发展是理念突破与方式创新，是对可持续发展的理论升华和实践深化，完成了从较为消极的“经济发展兼顾环境保护”到更为积极的“以保护环境促进经济社会全面发展”的理念转型。其核心思想是：衡量经济社会发展不仅要看经济数量，更要关注其内在质量、效率公平，在经济发展中全面考虑资源与环境等自然资本的使用和节约、损害和浪费与保护和增值的辩证关系；把资源环境看作最基本的生产要素，引入绿色核算体系，推动传统产业的转型升级，加快网络信息、基因工程、纳米材料等新兴产业的发展，打造新的经济增长极。绿色发展思想是人类对自身走过的发展道路的深刻反思，是准确把握时代的思想结晶，是时代精神的内核。

二、绿色发展的内涵

结合实践不难看出绿色发展的理论内涵有以下几点：

第一，绿色发展的最终意义是实现人与自然协调统一的发展模式。资源和环境作为生产力的内在禀赋和必然要素，要求人们不应把保护环境当作经济发展的累赘和包袱，也不应忽略与蔑视环境的地位和价值。实践证明，环境不是经济社会发展的副产品或附属物，而是经济社会发展中乃至应当提前综合考虑与全面衡量的重要因素，保护环境是促使经济社会健康、有序、稳定、科学发展的正能量和积极力量。

第二，绿色发展的主要特点是经济社会发展依靠绿色科技、清洁能源、循环生产、环境产业等，国家之间综合国力竞争的不是GDP的数量，也不是传统的经济竞争力，而是推动社会发展的以高新科技为代表的绿色竞争力。根据“全球绿色新政及绿色经济计划”，世界各国纷纷发展绿色经济，通过实施绿色新政实现经济创新转型，把绿色发展作为经济复苏的重要节点和抢夺经济制高点的国家战略。我国也不例外。中国社科院在中国可持续发展战略报告中指出，应以绿色发展为统帅、绿色创新为支点，创造绿色发展模式，建设绿色中国，以应对我国推进可持续发展过程中面临的各种挑战。

第三，绿色发展的基本原则是坚持系统的、整体的、辩证的、有机的、和谐的发展。绿色发展的最终目的是经济绿色、生态健康、社会公正、人民幸福，也就是从人与资源、人与环境协调统一、共处共赢的角度出发，运用生态哲学辩证统一、“天人合一”的思维客观、平等、公平、系统地审视人、环境与社会三者的关系，坚持系统、整体、辩证、有机、和谐的原则来重铸思维方式、生产方式和生活方式，建立科学稳定的生态秩序和社会关系，实现经济价值与自然环境的动态平衡。

第四，绿色发展的伦理蕴涵即发展的伦理目的依然是实现代内公平与代际公平。然而在绿色发展背景下，达到这个“双重公平”的方式和途径有本质的变化。绿色发展建立在生态环境容量和资源承载力的约束条件下，将克服发展与可持续的两难选择和对立思维，改变为通过发展的可持续性，达到以发展创新实现可持续性的目的，从而让可持续性最终嬗变成经济发展最积极、最主要的内生力量。以严谨的科学依据和客观的自然规律为前提的“预防原则”是绿色发展的环境伦理红线。假如人类对环境的损害是严重且不可逆转的，即使科学技术并不完备或发达，不能解决环境问题，也应该坚持正确而长远的利益导向，克服短视行为，维护人类的持续生存。绿色发展是以低碳技术与绿色科技为代表的创新原则，以节约资源、改善自然环境和促进人类生存与发展的整体原则，实现人、自然与社会三者的和谐共生。

第二节　绿色发展的现实状况

绿色发展是经济社会进步的内在要求，但受发展理念、科技水平、利益分配、社会关系等多种因素的影响，绿色发展也并不会一帆风顺，需要政府、社会和企业等协同推进。

改革开放 40 年来，我国经济快速发展，综合国力也蒸蒸日上，然而人们必须直面粗放发展带来的“不绿色”难题：资源浪费与匮乏、环境污染与破坏、人和自然关系紧张、人类遭到来自自然的报复等矛盾凸显叠加乃至放大扩散，绿色发展任务艰巨，机遇与挑战并存。尤其应该看到，当前经济下行压力增加，“三期叠加”效应累积放大，对保护环境、节约资源、可持续发展提出了更新、更严的要求。山东经济建设虽取得了丰硕的成果，然而随着社会的发展，环境污染成为隐藏在群众中的健康杀手，对高能耗产业的依赖也成为制约未来发展的重要因素，这种不利影响在经济新常态下日益凸显。

首先在生存层次上，绿色发展所需要的经济基础还比较薄弱。人是自然界的产物，其生存与发展离不开一定的物质条件。人口多、结构失衡及工业化、城镇化和市场化三重转型中的基本矛盾将在相当长的时期内左右着我国经济发展方式，决定着经济发展向内涵化、绿色化方向转变的速度和路径。

其次在社会层次上，绿色发展的制度建设还不健全。尽管各级政府已经明显感受到经济发展所面临的资源和环境的限制与约束，制定了节能减排、减耗增质等任务，但相关制度建设仍不完善。在经济发展失衡、技术异化、价值观扭曲和社会交往全球化的背景下，构建推动绿色发展的制度体系，以协调人与自然、人与社会、国家与国家间的行为无疑变得更加重要，但同时也更为复杂和严峻。这要求政府有长远精准的战略目标、达观平实的科学态度和民主平等的公共程序，并整合为相应的制度体系来应对之。

最后在精神层次上，精神文化的发展滞后于绿色发展。教育作为文化传播最主要的手段，对于传播绿色文化、促进绿色发展具有基础性作用。当前教育注重考试，方向出现偏差，教育目的性与社会需要背道而驰，甚至大相径庭。不论是学校教育、家庭教育还是社会教育，大都关注学历、侧重应试，忽略素质、脱离理想，这些教育形式存在着一定的制度性阻塞、结构性扭曲和导向性偏离，因而对建立与促进绿色发展的精神文化造成极大的负面效应。

第三节　以新旧动能转换推动绿色发展的基本路径

各地的情况不同，坚持以新旧动能转换推动绿色发展会呈现不同的特点、不同的路径，但也有一些可遵循的基本路径。

一、以绿色发展理念引领新旧动能转换

思想是行动的先导，推进新旧动能转换，实现绿色发展和建设美丽山东的重大举措，是适应经济发展新常态、加快转型发展的时代要求，是满足广大人民对良好生态环境新期待、全面建成小康社会的责任担当，是筑牢自然生态屏障、维护生态安全的战略使命，因而必须牢牢树立绿色发展理念，以绿色发展为前提，才能引领新旧动能转换沿着正确的方向发展。

二、坚持绿色执政理念是基本前提

思路决定出路，理念决定方向。要实现绿色发展，首要的是坚持绿色思维，考虑资源的绩效性、环境的承受性、发展的可持续性、人与自然的平衡性，把绿色执政理念的指导思想真正贯穿于决策的制定、实施、修正、反馈的全过程。改革伊始，邓小平同志就提出“两手抓，两手都要硬”的环境保护思想，要求制定发展战略和各项政策时要从国情出发。中国的国情要求我们注意经济建设与人口、资源、环境的协调性，在发展经济的同时，要加强保护和改善环境，经济建设与环境保护并重，使环境保护和经济建

设同步发展，坚持在发展中保护，在保护中发展，促进人与自然的和谐发展，实现经济效益、社会效益、环境效益的统一。党的十七大报告指出："在新的发展阶段继续全面建设小康社会、发展中国特色社会主义，必须坚持以邓小平理论和'三个代表'重要思想为指导，深入贯彻落实科学发展观。"①科学发展观，第一要义是发展，核心是以人为本，基本要求是全面协调可持续，根本方法是统筹兼顾。习近平总书记在党的十九大报告中明确指出："坚持人与自然和谐共生。建设生态文明是中华民族永续发展的千年大计。必须树立和践行绿水青山就是金山银山的理念，坚持节约资源和保护环境的基本国策，像对待生命一样对待生态环境，统筹山水林田湖草系统治理，实行最严格的生态环境保护制度，形成绿色发展方式和生活方式，坚定走生产发展、生活富裕、生态良好的文明发展道路，建设美丽中国，为人民创造良好生产生活环境，为全球生态安全作出贡献。"②新常态下必须有新理念，绿色执政理念是经济社会发展的前提，是发展思路、发展方向、发展路径的基本体现，必须坚持到底。

三、建立绿色制度体系是根本保障

用制度保护环境生态，是建设生态文明、打造美丽中国的根本保障。制度规定的存在和制度执行的强制性，可以有效地引导、规范和约束人们的利益追求和社会交往的非理性行为，把人们的利益分化、利益矛盾和冲突控制在一定范围内，进而提高人

---

① 《胡锦涛在中共第十七次全国代表大会上的报告全文》，中央政府网，2007年10月24日。

② 习近平：《决胜全面建成小康社会　夺取新时代中国特色社会主义伟大胜利——在中国共产党第十九次全国代表大会上的报告》，人民出版社2017年版，第23～24页。

们的信任感、安全感和幸福指数。绿色发展首先要解决的是“要什么样的发展，如何发展，为谁发展”的生态哲学困惑，同时这也是绿色发展的终极价值难题。制度的实施对公民日常生活、自然与社会环境产生立竿见影的作用，进而影响经济社会发展，对社会发展动力起着促进或阻碍的效用。绿色发展的伦理价值内含三个维度，即“道德性”“公正性”“延续性”，是经济理性与品德理性、工具理性与价值理性、自然理性与社会理性的高度统一。为此，政府必须进行科学合理的顶层设计，建立和健全体现环境伦理，包括环境公平、环境正义和环境延续的绿色发展制度体系；特别是贯彻落实好党的十八届三中全会精神，建立系统完整的生态文明制度体系，实行最严格的源头保护制度、损害赔偿制度、责任追究制度，完善环境治理和生态修复制度，用制度将保护生态环境的要求落到实处。

在实践中必须坚持制度化、规范化建设，把绿色发展落实在制度的框架里，构建绿色发展的制度体系，科学合理布局和整治生产空间、生活空间、生态空间，优化国土空间开发格局，落实主体功能区规划；开展大规模绿化行动，增强自然生态系统服务功能，筑牢生态屏障，保护自然生态、维护生态安全；实施大气、水、土壤污染防治“三大战役”，不断完善洒水除尘、技术降音、限高限速等措施，加快改善环境质量；推进供给侧改革，构建绿色低碳产业体系，加快产业转型升级；按照绿色发展要求构建新型城乡体系，创造美好生活环境，建设和谐宜居城镇和乡村；构建绿色发展制度体系，强化制度保障，引导、规范和约束各类开发、利用、保护自然资源的行为。

四、培育绿色发展模式是关键途径

实现绿色发展，关键是经济结构的科学调整、发展方式的加

速转变和新旧动能转换，培育以节能排放、低碳高效、保护环境、重视生态为特点的经济增长点，调整改造传统产业和发展新能源、节能环保等新兴产业，推动生产、流通、分配、消费和建设等环节的节能增效，保护生态环境。一是积极发展新兴产业和高技术产业。鼓励重点行业和关键领域的大型企业延伸产业链，拓宽提升深加工、精加工能力，增加产品附加值，提高资源利用效益，推进节能环保产业、可再生能源产业、资源循环使用产业等绿色产业的快速发展。二是大力发展第三产业，特别是现代服务业。加快发展金融财务、信息咨询、会计保险及法律、科技服务等先进服务行业，优化行业结构；积极发展文化、体育健身、旅游、教育培训、社区服务、物业管理等需求潜力大的产业。不断扩宽服务领域，挖掘新的业务；积极改造传统服务业，促进服务业的专业化、网络化、国际化经营，适应“互联网＋”的新业态，运用现代经营方式和信息技术推进现代物流配送、电子商务、互联网金融、在线旅游等新业态的发展，充分利用云计算、大数据、互联网、物联网等实现跨界融合和产业创新。三是创新绿色发展技术。开展制度创新和组织创新，运用环境管理体系认证和生命周期评价等手段，形成从产品的科研开发、生产流转、销售服务到回收循环这样的绿色产业链，吸纳和培养绿色创新人才，提高绿色技术研发水平，增加绿色技术研发资金，为绿色发展提供技术支撑。四是加强国际绿色技术的交流与合作。要“洋为中用”，运用“拿来主义”，引进绿色技术的最新成果，在消化吸收的基础上实现自主创新，形成核心竞争力。

五、形成绿色消费文化是重要引擎

生产决定消费，生产的目的是消费，一切商品最终都是消费品，同时消费又反作用于生产，引导和促进生产，生产和消费是主动和被动相互转化的辩证关系。抛弃消极的生存危机论和补救性生态治理方式，转向积极的环境与经济互赢论，实行预防性生态治理与创新性生态建设的方式，是绿色发展的道德意义和社会目的。兼顾生活幸福和环境友好的绿色消费文化，不仅是个人消费文化的标杆，更是企业和社会消费文化的导向。作为一种新型消费观，绿色消费文化是由于面临生存和发展的危机，人类痛定思痛，在全面权衡资源、环境和消费权利的关系后选择的消费方式，是有益于经济发展和环境生态平衡、有益于人的"二重需要"的平衡的消费文化。要加强科学消费观的宣传与教育，倡导绿色消费；重视资源环境国情教育，倡导绿色消费、适度消费理念，反对过度消费，发挥出消费对增长的基础性作用，着力扩大居民消费，以扩大服务消费为重点带动消费结构升级，完善消费政策，扩大和引导文化消费，推动全社会形成绿色消费自觉，控制能源消费总量。大力发展生产力，提高消费者绿色消费力，提升消费者生态消费理念，形成绿色消费的价值观念和主流文化。尤其在公车改革顺利完成后，电动公交、混合动力公交、公共自行车、公共电动车等大量涌现，绿色出行、低碳消费方兴未艾。

六、以"互联网＋"为纽带，提速新旧动能转换，推动绿色发展

"互联网＋"代表一种新的经济形态，即充分发挥互联网在生产要素配置中的优化和集成作用，将互联网的创新成果深度融合于经济社会各领域之中，提升实体经济的创新力和新生产要素配置效率，形成更广泛的以互联网为基础设施和实现工具的经济发展新形态。"互联网＋"行动计划将重点促进以云计算、物联网、大数据为代表的新一代信息技术与现代制造业、生产性服务业等

的融合创新，发展壮大新兴业态，打造新的产业增长点，为大众创业、万众创新提供环境，为新旧动能转换提供支撑，增强新的经济发展动力，促进国民经济提质增效升级。各地应紧紧抓住互联网与传统产业、新兴产业对接的机遇，如可以建立大数据中心和机器人工业园，在高新区建立智能产业园，广泛吸引IT行业优秀人才，把农业、工业、第三产业等融入互联网的范畴，以降低消耗、提高产能、节约资源和保护环境。

七、以优势产业为主体，主导新旧动能转换

山东各地都有自己的优势产业。如煤炭产业作为优势传统产业在济宁市占据主体地位，济宁市意识到“因煤而兴，煤竭而衰”的潜在隐患，提出在绿色发展理念的指导下，通过新旧动能转换主动进行经济转型。目前，济宁市处在资源鼎盛期，资金、人才等比较充裕，此时转型是最佳时期，转型成本低、负担小，事半功倍。因此，必须敢于和善于抓可持续发展中的主要矛盾，及早探索城市转型之路，找准建立新型产业体系的转型路径和措施。新旧动能转换不是放弃传统产业，而是要以优势传统产业为主导，推动转型发展。如济宁市从改造提升传统产业起步，集中培植装备制造、能源工业、化学工业、食品工业四大千亿级产业集群，加快提升纺织服装、造纸、建材三大传统优势产业集群，打造国内重要的装备制造业基地、国家级煤化工基地和纺织新材料基地。在推动传统产业高新化的同时，也为培植先导产业培育了土壤。

八、以新兴产业为突破口，推动新旧动能转换

推动新旧动能转换就是要形成以新兴产业为主要支撑的经济发展格局，因而以新兴产业为突破口就具有极其重要的意义。

以济宁市为例。济宁市根据自己的环境条件特别是发展潜力，以大力发展战略性新兴产业作为加快产业调整、转变发展方式、推进战略转型的重要抓手，瞄准新能源、新信息、新医药和现代装备制造业等新兴产业，集中优势力量和优势资源高速高效推进高端产业项目建设，着力突破核心技术，培育具有国际竞争力的高端产业集群，为实现科学发展、跨越发展聚集了能量，增添了后劲。根据《济宁市战略性新兴产业“十三五”发展规划》，“十三五”期间战略性新兴产业以低碳发展、绿色发展为方向，贯彻新旧动能转换，坚持战略性新兴产业发展培育和传统产业改造提升相融合，走产品研发和项目引建相结合的路子，努力做大做强新能源、新材料、生物医药、新一代信息技术、节能环保五大战略性新兴产业，逐步形成技术集成、产业集群、要素集聚的战略性新兴产业发展格局。济宁市战略性新兴产业形成了以润峰集团、台联电集团、英克莱集团、圣阳电源、英特力光通信、鲁抗医药、辰欣药业、新风光电子、泰山玻纤等企业为龙头的战略性新兴产业群体，新能源、新材料、生物医药、新一代信息技术、节能环保五个产业规模不断发展壮大。

九、以现代服务业为支撑，拓展新旧动能转换

发展现代服务业不仅能够优化三次产业结构，而且能够优化服务业内部结构，催生出经济发展的新动能。山东现代服务业发展不足，尤其西部现代服务业发展明显滞后。从西部的济宁市看，据统计，以服务业为主的第三产业占济宁市地区生产总值的34.9%，低于第二产业，高于第一产业。济宁市服务业总体保持良好的运行态势，但发展中依然存在着一些问题，突出表现为总量不足，传统行业比重偏大，发展不平衡等，特别是批发零售贸

易、餐饮业等传统服务业仍占据主体地位，而信息服务、计算机软件、文化体育等新兴服务业比重较小，现代服务业的发展明显滞后。据此，济宁市提出了以现代服务业为支撑，着力培育服务业新的增长点，拓展转型发展的新型产业体系的转型路径措施，加快形成新的经济发展方式，更多依靠现代服务业和战略性新兴产业的带动。加快发展现代服务业，一是要大力发展生产性服务业。通过信息技术服务、商务营运中心、中介服务、现代物流等平台打造，大力发展生产性服务业，使高端服务业与高端制造业协同发展，为快速发展的制造业提供完善的配套服务，形成完整的产业链。二是要利用高新技术改造传统产业，提高企业管理的规范化、现代化水平，改革原有服务业企业的经营方式和管理方式，发展壮大传统产业，提高传统产业的劳动生产率和技术含量。三是要推进高新技术产业化。网络服务业、动漫产业、服务外包等新兴产业，本身就是高科技发展的产物，应积极推进科技成果商品化、产业化，形成服务业新的增长点。济宁市把繁荣发展服务业作为新旧动能转换的重要突破口来抓，着力强化三大载体，即重点城区、重点园区和重点企业建设，通过各项措施，逐步构筑起布局合理、特色鲜明、联动性好、系统性强的服务业发展新格局，实现了服务业发展总量、质量协调提升。

十、以信息产业为节点，加快新旧动能转换

把信息产业作为新旧动能转换的重要节点加以推进，用信息化改造提升传统产业和新兴产业，加速实现传统产业的改造提升和新兴产业的发展壮大，打造出新核心竞争力和竞争优势，培育出经济发展新动能，使产业发展跃上中高端，从而实现经济高质量发展。以济宁市为例。该市以美国惠普、甲骨文公司落户为机

遇，全力放大惠普、甲骨文效应，制定了发展规划，出台了扶持政策，设立了专项引导资金，确定了“一核多园”的产业布局，信息产业实现了高端起步，提升了城市形象和影响力，进一步明确了新旧动能转换的方向、路径和突破口。中共山东省委、省政府将济宁市确定为“山东省信息技术产业基地”。济宁市以省信息技术产业基地为牵动，重点突破“三大产业集群”，即加速膨胀LED、光通信、光伏优势产业集群，大数据、电子商务、智慧城市新兴产业集群，物联网、北斗导航、集成电路、机器人高端产业集群。集中建设“三大产业基地”，即建设山东软件产业基地、山东智慧城市产业基地、山东大数据产业基地，把信息化、工业化融合作为主攻领域，以“互联网＋”带动产业升级。信息化是经济社会发展的大势所趋，信息产业对济宁市新旧动能转换、稳增长调结构促发展有重大作用；通过大力建设山东省信息技术产业基地，努力打造出全省乃至全国信息产业新硅谷。

总之，新旧动能转换关键在落实，重点是坚持。落实就是要提高执行力，否则只能是空谈。新旧动能转换不能说在嘴上，写在纸上，挂在墙上，而要从经济社会的方方面面去执行。有人说万事开头难，其实万事开头并不难，难的是坚持。水滴石穿，绳锯木断，就是坚持的力量。从个人做起，从现在做起，从点滴做起，只要我们坚持不懈地去努力，就一定会构建起绿色发展的美好社会。

第十章　以新旧动能转换推动经济高质量发展

为满足人民日益增长的对美好生活的需要，经济发展必须转向高质量发展阶段。高质量发展，应该是体现创新、协调、绿色、开放、共享的发展理念的要求，是创新作为第一动力推动新动能不断替换旧动能的发展，是经济效益不断提高的内生性协调发展，是人与自然和谐共生的绿色生态发展，是内外联动的高水平开放发展，是能够很好地满足人民美好生活需要的共享发展。深化改革、扩大开放，推进经济高质量发展，最根本的是要用习近平新时代中国特色社会主义思想武装头脑、指导实践，奋力推进各项工作走在前列。

第一节　经济高质量发展的内涵及其特征

我国经济已由高速增长阶段转向高质量发展阶段，高质量发展是经济发展进入新时代的重要标志，是经济领域一场广泛而深刻的变革，必将带来从理念到实践的全面变革。正确认识把握高质量发展的内涵及重要性，对推动省域经济高质量发展将产生深刻的影响。

一、经济高质量发展的内涵

认识高质量发展需要先探讨何谓“质量”。质量是指产品能够满足社会需要的使用价值特性，在市场竞争环境中则表现为具有更高性价比，因而更能有效满足不断变化的消费需求的质量合意性和超值体验特性。将这一认识推演到对高质量发展的理解时，就可以认为高质量发展是指全面提高国民经济各领域、各层面的素质，反映一个国家和地区经济总量提高、经济结构优化、经济发展方式转变、经济效益提升、经济发展可持续和经济发展成果共享的状态；更集中体现为产品和服务满足居民需要的更高程度，能更好地满足人民日益增长的美好生活需要。从这一视角看，产品和服务质量高是高质量发展的核心，而投入高质量生产要素特别是高质量新生产要素则是产品和服务质量提高的基础。

二、经济高质量发展的特征

推动经济高质量发展，是适应我国经济发展阶段转换的必然要求。改革开放 40 年来，在我国经济进入新常态之前，经济保持了高速增长，创造了世界经济发展史上的奇迹。我国经济由短缺经济变为过剩经济，许多产业的生产能力过剩，实际上有效解决了“有没有”的问题，也就是说解决了总量供给的基本问题，满足了人民生活的基本需求。但随着经济的发展，人们对生活需求提出了更高的要求，因而对经济发展也提出了高质量的要求，需要解决“好不好”这一需求的根本问题。高质量发展必然表现出一些基本特征，即高质量的资源配置、高质量的供给、高质量的需求、高质量的投入产出、高质量的收入分配和高质量的经济循环等等。

1. 实现高质量的资源配置

高质量配置资源，要求提高现代资源配置效率，充分发挥市场配置资源特别是配置新经济资源的决定性作用，建立完善的现代市场体系，建立健全市场机制，完善现代产权制度；高质量配置资源，要求政府与市场发挥作用的边界清晰，打破资源由低效部门向高效部门配置的各种障碍，实现资源尤其是新经济资源的自由流动，减少资源配置扭曲，极大提高资源配置效率。

2. 实现高质量的供给，亦即显著提高商品和服务的供给质量，将经济发展推向质量时代

从目前看，今后较长一段时期内，我国经济发展在供需两端仍面临复杂的结构性问题，这里面有供给侧的，也有需求侧的，但突出的矛盾更主要的体现在供给侧。如我国许多产业或行业的产能严重过剩，并且许多产品仍处在产业链、价值链的中低端；同时，大量的高端产品、关键装备、核心技术尤其是关键核心技术仍然依赖进口。再如，农业虽得到了较快发展，但仍然存在着一些供给不能很好地满足消费需求的问题，一些产品如大豆生产缺口较大，有的产品如牛奶还不能满足消费者更高层次的消费要求等。这就要求在发展中要提高供给质量，加大中高端产品和服务的生产，减少低端及无效供给，以更好地满足人民日益增长的美好生活需要。

3. 在推进高质量需求中实现供需的新平衡

在新时代，我们面临的情况不再是需求不足，或者说没有需求，而是消费者的需求发生了急剧的变化，在大规模的中等收入群体形成、城镇化进程加快、内需市场活跃与扩大的同时，公共服

务供给不足、居民收入水平偏低、教育医疗养老等社会负担较重等因素时刻影响着供需实现新的平衡。这必然要求释放被抑制的消费升级需求,进而通过反作用推动供给侧演进升级。

4.体现高质量投入产出的要求,集中表现为提高全要素生产率

这种变化更加要求以更少要素投入取得更大效益产出,强调推动科技创新和经济社会发展深度融合,在同样数量规模的资本、劳动、土地等要素投入下,由科技进步、管理创新、资源优化配置等引致更高的经济增长率,尤其使科技创新成为提高全要素生产率的关键支撑,打造经济可持续发展的“永动机”,为实现高质量发展提供可靠的路径保障。

5.要求培育推动高质量发展的新动能

以往的经济发展过多追求速度、规模增长,主要依靠土地、劳动力和资本投入等传统要素支撑经济增长,也伴生着大量高能耗、高物耗和高污染产业的发展,经济发展的质量不高。这就必然要求实现新旧动能接续转换,用新技术、新产业、新业态促进产业智慧化、智慧产业化、跨界融合化和品牌高端化,实现经济的高质量发展。

6.追求高质量的绿色发展

高质量的绿色发展是一种新的发展方式,要求把“绿水青山就是金山银山”的发展理念落到实处,使经济发展同资源环境承载能力相适应,形成完善的绿色低碳循环发展的经济体系、市场导向的绿色技术创新体系;使绿色发展由政府提供公共产品和服务、社会团体和个人开展公益活动转变为更多企业和个人参与的日常经济活动;使绿色发展成为带动区域经济振兴的有效途径。

第二节　推动省域经济高质量发展的重要性

深化供给侧结构性改革，对于高质量发展具有非常重要的作用；同时，推动高质量发展也是推进供给侧结构性改革的重要突破口。

一、推动省域经济高质量发展有助于尽快实现两个百年目标

党的十九大报告明确提出："从十九大到二十大，是'两个一百年'奋斗目标的历史交汇期。我们既要全面建成小康社会、实现第一个百年奋斗目标，又要乘势而上开启全面建设社会主义现代化国家新征程，向第二个百年奋斗目标进军。"①全面建成小康社会、如期实现第一个百年奋斗目标，以及加快推进第二个百年奋斗目标的实现，对于全面建设社会主义现代化国家新征程的顺利开启、实现中华民族伟大复兴的"中国梦"具有重大而深远的意义，而任务也极其艰巨。面对这样艰巨的任务，仅依靠几个区域的发展是难以实现的；只有各个省域共同发展特别是高质量发展，才能推动这一任务的完成。

二、推动省域经济高质量发展有利于减少大量的无效和低端供给，扩大有效供给，减少资源浪费，并不断满足消费需求

当前，我国经济发展已出现分化态势，表现为一方面存在大量的落后和低端产能；另一方面是高端供给不足，不能满足人们

---

① 《十九大报告学习问答》，人民网，2017 年 11 月 17 日。

日益增长的对高端产品和服务的需求。这就要求各省域必须减少低端、无效的供给，增加有效的中高端供给。

省域实现高质量发展对扩大有效供给、满足消费需求也至关重要。改革开放后特别是进入新时代以来，消费品种类不仅日益丰富，而且人们对质量的要求也明显提升，突出表现为进口商品增多，海外代购增多。而扭转有效供给特别是高端供给不足，需要各省域克服省域间高质量发展的不平衡不充分问题，推进产业转型升级，发展优势产业、特色高端产业，以实现中高端产业的差异化发展和高质量资源在省域间的优化配置，满足个性化、多样化和定制化的消费需求趋势。

三、推动省域经济高质量发展有利于提高国际市场竞争力

省域在推动出口方面具有重要作用。改革开放后，我国积极发挥比较优势发展外向型经济，集聚劳动密集型产品竞争优势，而在这一发展过程中省域发挥出积极作用。随着我国劳动力成本的快速上升以及土地、环境等因素的制约，劳动密集型产品的竞争优势在明显减弱，依靠传统动能已难以继续支撑经济的持续快速增长。正因如此，山东省在全国率先推进新旧动能接续转换，改造提升传统产业以形成新动能，培育壮大新兴产业特别是战略性新兴产业，优化经济结构，推进发展方式的根本转变，实现品牌高端化，并已收到良好的效果。不难看出，推动新旧动能接续转换，实现高质量的发展，是促进省域乃至全国经济可持续发展的必由之路。

第三节　推动新旧动能转换，实现经济高质量发展

推动经济高质量发展必须以推动新旧动能转换为依托和抓手，通过培育供给侧新动能推动供给质量的提升；必须抓好“腾笼换鸟”发展新战略，为支撑质量提升的新动能腾出空间；激发创新的驱动力，用创新的动能推动质量的提升；必须用好改革开放这一“关键一招”，用进一步改革开放倒逼新旧动能转换，促进质量不断提升。

一、必须抓住供给侧结构性改革这一主线，用培育供给侧新动能推动供给质量的提升

山东省于2017年开始实施新旧动能转换重大工程，2018年又开始推进新旧动能转换综合试验区建设。推动新旧动能转换是一场深刻的变革，要按照不断深化经济体制改革，加快完善社会主义市场经济体制和经济高质量发展的内在要求，进一步深化供给侧结构性改革。

新常态下中国经济发展面临着一些问题。习近平总书记指出：“结构性问题最突出，矛盾的主要方面在供给侧。”[①]推动高质量发展，必须牢牢抓住的一条主线就是供给侧结构性改革，要协调发展过程中的重大关系，在破解难题、补齐短板的同时又巩固和厚植原有优势，让中国经济健康发展、行稳致远。

---

① 习近平：《坚定不移推进供给侧结构性改革　在发展中不断扩大中等收入群体》，《人民日报》2016年5月17日。

1.准确理解供给侧结构性改革的主线作用

何谓主线？主线就是指在事物发展中起主导作用或统领作用的线条。党的十八大以来，在稳中求进工作总基调的指引下，以习近平总书记为核心的党中央提出了以新常态为背景，以新发展理念为引领，以供给侧结构性改革为主线的一套政策框架，引领中国经济持续健康发展。把推进供给侧结构性改革作为主线，是在梳理把握“十三五”乃至更长时期中国经济发展的主脉络基础上，强调发挥供给侧结构性改革对于中国经济高质量发展的主导作用。这是认识我国经济发展所处阶段、当前挑战和未来走向的重要基点，是深化改革、推动经济发展的关键着力点。

关于供给侧结构性改革，习近平总书记强调指出：“我们提的供给侧改革，完整地说是‘供给侧结构性改革’……‘结构性’3个字十分重要，简称‘供给侧改革’也可以，但不能忘了‘结构性’3个字。”①习近平总书记还指出：“放弃需求侧谈供给侧或放弃供给侧谈需求侧都是片面的，二者不是非此即彼、一去一存的替代关系，而是要相互配合、协调推进。”②这里所说的供给侧结构性改革，兼顾当前与长远，在强调改善供给的同时也关注需求；在大力发展社会生产力的同时，还特别注重完善生产关系；既强调市场在资源配置中起决定性作用，又要求更好发挥政府作用。改革的主旨是要增强供给结构的适应性和灵活性，更好匹配需求的变化，不断以新需求催生新供给，以新供给创造新需求，从而在供需互动中实现高质量发展。

2.深刻把握供给侧结构性改革的必然性

党的十九大报告提出，要以供给侧结构性改革为主线，推动

---

① 《习近平谈治国理政》第2卷，外文出版社2017年版，第252页。

② 《习近平谈治国理政》第2卷，外文出版社2017年版，第253页。

经济发展质量变革、效率变革、动力变革。“增长、质量、效率从哪里来？只能从经济结构调整中来。”[①]自2015年11月习近平总书记提出着力加强供给侧结构性改革以来，我国供给侧结构性改革的方针政策、顶层设计方案日趋完善，其改革实践日益深化、成效日渐显著。2017年年底的中央经济工作会议提出，推动高质量发展是当前和今后一个时期确定发展思路、制定经济政策、实施宏观调控的根本要求。会议提出围绕推动高质量发展，要做好八项重点工作，其中第一项就是深化供给侧结构性改革。由此可见，在推动高质量发展中，深化供给侧结构性改革具有非常重要的作用，同时表明供给侧结构性改革的深化一定要体现高质量发展的要求。

3.坚持推进供给侧结构性改革的“三去一降一补”任务

习近平总书记强调指出：“推进供给侧结构性改革，要从生产端入手，重点是促进产能过剩有效化解，促进产业优化重组，降低企业成本，发展战略性新兴产业和现代服务业，增加公共产品和服务供给，提高供给结构对需求变化的适应性和灵活性。简言之，就是去产能、去库存、去杠杆、降成本、补短板。”[②]供给侧结构性改革不只是“三去一降一补”，但是先从“三去一降一补”入手。习近平总书记还指出，推进供给侧改革，“不能因为包袱重而等待、困难多而不作为、有风险而躲避、有阵痛而不前”[③]。要继续做好加减乘除这四则运算。首先是减法，就是去产能，即“三去一降一补”中的“一去”；还要做加法，就是发展新兴产业、改造提升传

---

① 习近平：《在中央经济工作会议上的讲话》，人民网，2014年12月9日。

② 《习近平谈治国理政》第2卷，外文出版社2017年版，第254页。

③ 习近平：《在中央财经领导小组第十三次会议上的讲话》，搜狐网，2016年5月17日。

统产业;乘法是通过加大技术创新的投入,实现产出和经济效益的倍增;除法是要通过改革创新,破除体制机制障碍,清除经济发展道路上的"拦路虎"。总而言之,要用供给侧结构性改革使供给和需求更好地匹配起来。

二、必须夯实实体经济这一根基,奠定质量提升的坚实基础

制造业是立国之本、兴国之基。应该说,我国经济30多年的高速增长得益于实体经济的发展壮大,新时代要实现高质量发展仍离不开高质量的实体经济。实体经济在任何时候都是我国经济发展的根基;没有实体经济这一根基的发展壮大,我国经济就难以行稳致远,也难以在国际竞争中取胜。因此,推动高质量发展,就必须夯实实体经济这一根基。要创新制度与政策机制,引导人才、技术、资金等要素更多地进入实体经济领域,促进实体经济、科技创新、现代金融、人力资源协同发展。

1.明确制造业是振兴实体经济的主战场

习近平总书记指出:"必须始终高度重视发展壮大实体经济,抓实体经济一定要抓好制造业。装备制造业是制造业的脊梁,要加大投入、加强研发、加快发展,努力占领世界制高点、掌控技术话语权,使我国成为现代装备制造业大国。"①新一轮科技革命和产业变革浪潮之下,世界经济体系的重构正处于关键节点,发达国家为了调整失衡结构、重构竞争优势,纷纷鼓励制造业回归。虽然我国制造业的规模总量处于世界前列,但与发达国家相比,在技术创新、质量品牌、环境保护等多数领域都相对落后,实现由制造大国向制造强国转变的目标还需付出极大的努力,我国制造

① 习近平:《深入学习贯彻党的十九大精神 紧扣新时代要求推动改革发展》,新华网,2017年12月13日。

业提质升级的任务十分紧迫。我们必须清醒认识经济发展中深层次的矛盾和问题，从适应市场需求着眼，深化供给侧结构性改革，通过培育发展更多的战略性新兴产业，以新技术、新业态、新模式改造升级传统产业，加快新旧动能转换，把“中国制造”打造为“中国高端制造”。

2.不断提高科技创新在实体经济发展中的贡献率

新一轮科技革命和产业变革，以云计算、物联网、移动互联网等为代表的新技术得以广泛深入应用，并以前所未有的广度和深度改变着产业发展模式，科技创新对产业变革和发展的引领、渗透、促进作用空前强大。发达国家的经验表明，高端制造业和国际竞争力很强的企业，其共同点都是科技创新与实体经济紧密结合。我们要提高科技创新在实体经济发展中的贡献份额，就需要加快科研成果转化，提高科研成果产业化水平。“实施创新驱动发展战略，最根本的是要增强自主创新能力，最紧迫的是要破除体制机制障碍，最大限度解放和激发科技作为第一生产力所蕴藏的巨大潜能。”[①]习近平总书记为此强调指出：“科技成果只有同国家需要、人民要求、市场需求相结合，完成从科学研究、实验开发、推广应用的三级跳，才能真正实现创新价值，实现创新驱动发展。”[②]我们要按照市场规律引导科技创新服务于实体经济。在科研投入生成科研成果的阶段，重在鼓励科研的原创性和独特性；在把科研成果转化成生产要素投入的阶段，重在鼓励科研成果高效产业化。如果不能顺利实现科技成果的转化，经济的自我循环

① 习近平：《在中国科学院第十七次院士大会、中国工程院第十二次院士大会上的讲话》，《人民日报》2014 年 6 月 10 日。

② 习近平：《在中国科学院第十七次院士大会、中国工程院第十二次院士大会上的讲话》，《人民日报》2014 年 6 月 10 日。

过程就会出现梗阻，导致实体经济与科技创新之间严重不平衡，阻碍科技创新的进一步发展。

3.不断增强现代金融服务实体经济的能力

2015 年 10 月 29 日，习近平总书记在党的十八届五中全会第二次全体会议上指出："我们的政策基点要放在企业特别是实体经济企业上，高度重视实体经济健康发展，增强实体经济赢利能力。"①当前，金融过度发展致使大量资本没有进入实体经济，而是在金融体系内部空转，造成虚拟经济膨胀，影响了制造业健康发展。同时，实体经济自身也存在产业结构层次低、产能过剩、生产率低等一系列问题，无法给投资者带来较为理想的回报，因而在吸收金融资源方面得不到足够的支持。针对中小微企业在发展过程中面临融资难、融资贵的问题，习近平总书记指出："要改善金融服务，疏通金融进入实体经济特别是中小企业、小微企业的管道。"②为此，要落实好中央出台的金融支持实体经济相关政策，继续在实体经济领域去产能、去库存、去杠杆、降成本、补短板，减轻企业负担，不断增强实体经济的生机和活力，为围绕服务实体经济发展现代金融创造良好条件。

4.不断优化人力资源对实体经济发展的支撑作用

习近平总书记指出："企业要有利润。企业之所以叫企业，就是必须赢利。企业没有利润、大面积亏损，两三年后撑不下去了，那就不仅是速度低一点的问题了，员工收入和政府财政无从谈起，而且会带来金融风险甚至社会风险。"③必须提高实体经济的

---

① 《习近平谈治国理政》第 2 卷，外文出版社 2017 年版，第 77 页。

② 习近平：《加大支持力度　增强内生动力　加快东北老工业基地振兴发展》，《人民日报》2015 年 7 月 20 日。

③ 《习近平谈治国理政》第 2 卷，外文出版社 2017 年版，第 77 页。

经营能力，才能创造相应的物质条件吸引更多的人才进入实体经济领域。为完善制造业人才培养体系，国家有关部门出台了《新时期产业工人队伍建设改革方案》《制造业人才发展规划指南》等一系列文件，但关键在于落实，要让政策落地，培养一大批高技能技术人才和专家型人才以及具备创新精神、拥有国际视野的企业家人才和高级经营管理人才。习近平总书记重视发挥企业家在推动经济发展中的重要作用，强调“在错综复杂的国内外政治经济形势下，要加快培养造就国际一流的经济学家、具有国际视野的企业家”[①]。当前，尤其要对搞实体经济的企业家给予支持，对他们的肯定会营造实体经济发展的有利氛围。技术工人关系到我国制造业的未来，习近平总书记明确指出：“技术人员和工人是企业最宝贵的财富，要抓好队伍的稳定性，调动他们的积极性。”[②]“工业强国都是技师技工的大国，我们要有很强的技术工人队伍。”[③]应大幅度提高技术工人的待遇，提高他们的社会地位和经济地位。

三、必须抓好“腾笼换鸟”发展新战略，为支撑质量提升的新动能腾出空间

习近平总书记曾经指出，推进经济结构的战略性调整和增长方式的根本性转变，“打个通俗的比喻，就是要养好‘两只鸟’：一个是‘凤凰涅槃’，另一个是‘腾笼换鸟’”[④]。所谓“腾笼换鸟”，就

---

① 《习近平治国理政“100句话”之：加快培养一流的经济学家及企业家》，央广网，2016年7月13日。

② 习近平：《技术人员和工人是企业最宝贵财富》，新华网，2013年8月28日。

③ 人民日报新论：《制造业大国呼唤高素质技工》，《人民日报》2018年9月14日。

④ 习近平：《养好“两只鸟”，浙江要再创辉煌》，中国共产党新闻网，2006年3月3日。

加快新旧动能转换、推动高质量发展来说，就是一方面要促进传统产业转型转产、清退“僵尸企业”、淘汰落后产能，为实现产业高度化发展腾出充足的空间；另一方面要积极引进和培养科技型、成长型中小企业以及高新技术企业，实现产业优化和空间再利用，培育发展新动能。我们要推动高质量发展，就必须抓好“腾笼换鸟”这一思路办法。

1.要有序做好“腾笼”工作，主动淘汰低端落后产能

通过依法停产关闭、搬迁转移、兼并重组、盘活调整等多种途径，有计划、有步骤地淘汰高污染、高能耗、高安全风险、低产出效益的“三高一低”企业，为产业结构调整腾出用地、能耗、环境容量等空间。习近平总书记指出：“我国经济规模很大、但依然大而不强，我国经济增速很快、但依然快而不优。主要依靠资源等要素投入推动经济增长和规模扩张的粗放型发展方式是不可持续的。”①加强和发展实体经济并不是再走铺摊子、扩大规模的老路，而是要以深化供给侧结构性改革为主线，着力解决实体经济供给结构不适应需求结构变化的突出矛盾，加快从数量规模扩张转向高质量发展。

2.要有效实现“换鸟”目的，大力发展中高端产业

2018年4月26日，习近平总书记在深入推动长江经济带发展座谈会上强调，要“致力于培育发展先进产能，增加有效供给，加快形成新的产业集群，孕育更多吃得少、产蛋多、飞得远的好‘鸟’”②。党的十九大报告提出，促进产业迈向全球价值链中高

① 习近平：《在中国科学院第十七次院士大会、中国工程院第十二次院士大会上的讲话》，《人民日报》2014年6月10日。

② 习近平：《在深入推动长江经济带发展座谈会上的讲话》，新华网，2018年6月13日。

端，一方面需要大力发展中高端产业，比如生物技术、新材料、高端数控机床、核心电子器件、高端通用芯片及基础软件等，逐步减少低端产业比重；另一方面需要各个产业在全球价值链中向两端增值较高的环节攀升，把每个行业本身推向全球价值链中高端。习近平总书记在考察浪潮集团时指出："创新发展、新旧动能转换，是我们能否过坎的关键。要坚持把发展基点放在创新上……大力培育创新优势企业，塑造更多依靠创新驱动、更多发挥先发优势的引领型发展。"①我们要系统性推进技术创新工作，发挥优势、找准制约，分门别类地促进产业向中高端发展。

3. 要加强"腾换"工作衔接，着力建立长效机制

促进产业转型，不是单纯的"清空发展库存"那么简单，必须一方面做好"新鸟"的引进培育，另一方面也要激励"老鸟"浴火重生；既积极鼓励企业异地转移，也积极支持企业就地转型。2014年全国两会期间，习近平总书记在广东代表团参加审议时指出："腾笼不是空笼，要先立后破，还要研究'新鸟'进笼'老鸟'去哪？要着力推动产业优化升级，充分发挥创新驱动作用，走绿色发展之路，努力实现凤凰涅槃。"②一是完善政策引导机制，强化政策激励，把发展质量和效益作为指挥棒，促进企业腾笼换鸟；二是形成市场倒逼机制，推进资源要素市场化配置改革，配套实施差别化政策措施，合理运用差别化用能、用地、用水、排污权等资源要素配置和价格政策等调节手段，倒逼落后和低效企业"腾笼换鸟"；三是规范依法治理机制，进一步强化依法行政的理念，依法有序整治淘汰低端落后和违法生产企业。

---

① 《切实把新发展理念落到实处　不断增强经济社会发展创新力》，《大众日报》2018年6月15日。

② 《粤将继续腾笼换鸟　努力实现凤凰涅槃》，《南方日报》2014年3月7日。

四、必须激发创新的驱动力，用创新的动能推动质量的提升

党的十八大以来，以习近平总书记为核心的党中央高度重视科技创新，要求必须把创新摆在国家发展全局的核心位置。习近平总书记指出："科技发展水平总体不高，科技对经济社会发展的支撑能力不足，科技对经济增长的贡献率远低于发达国家水平，这是我国这个经济大个头的'阿喀琉斯之踵'。"①他还强调指出，"创新始终是推动一个国家、一个民族向前发展的重要力量"，"随着要素质量不断提高，经济增长将更多依靠人力资本质量和技术进步，必须让创新成为驱动发展新引擎"。②

2015 年全国两会期间，习近平总书记参加上海代表团审议时说："创新是引领发展的第一动力，抓创新就是抓发展，谋创新就是谋未来。"③我们要在新一轮科技革命和产业变革中寻求主动，实现高质量发展，就必须激发创新这一"第一动力"，坚定不移走创新驱动之路。

1. 激发创新第一动力，必须要激活人才这一基础性要素

创新的关键因素是人才。可以说，创新驱动的实质，归根结底就是人才驱动。当今世界的竞争，无论是企业之间的技术与市场竞争，还是国家之间综合国力的竞争，重点就在于人才竞争。2018 年全国"两会"期间，习近平总书记在参加广东代表团审议

---

① 《习近平谈治国理政》第 2 卷，外文出版社 2017 年版，第 198 页。

② 习近平：《创新能力不强是我国发展的"阿喀琉斯之踵"》，人民网，2016 年 3 月11 日。

③ 习近平：《当好改革开放排头兵创新发展先行者　为构建开放型经济新体制探索新路》，《人民日报》2015 年 3 月 6 日。

时强调指出:“发展是第一要务,人才是第一资源,创新是第一动力。”[①]当今时代,人才资源作为经济社会发展第一资源的特征和作用更加明显,人才红利已成为经济社会发展的最大红利,人才优势已成为国际竞争的最大优势。习近平总书记明确指出:“我们比历史上任何时期都更接近实现中华民族伟大复兴的宏伟目标,我们也比历史上任何时期都更加渴求人才。”[②]这一段话,深刻揭示了在激烈的国际竞争中,人才资源对于实现中华民族伟大复兴中国梦的重要性,我们要比历史上任何时期都更加重视人才。要取得决胜全面建成小康社会、全面建设社会主义现代化国家的伟大胜利,就要广开进贤之路,以更宽阔的胸怀广纳天下英才,充分用好人才这个“第一资源”。

2.激发创新第一动力,必须加强自主创新体系建设

科技创新链条一般分为科学发现、技术创新和产品与产业实现三个阶段。发挥高校、科研院所和企业的互补与协同作用,完成全链条创新活动,真正实现科技与经济紧密结合,是我国产业实现转型升级、迈向全球价值链中高端的关键。当前,要推动科技与经济的紧密结合,技术创新体系建设必须突出企业的主体地位,把握市场需求导向,大力推进以实体经济为主的政产学研深度融合、协同创新。通过加强自主创新体系建设,争取在某些共性技术、关键技术领域实现重大突破,推动形成产业优势,实现“中国制造、中国速度、中国产品”向“中国创造、中国质量、中国品牌”的转变。

---

① 《新时代,昂首走在前列(我和总书记面对面)》,《人民日报》2018年3月8日。

② 习近平:《在欧美同学会成立100周年庆祝大会上的讲话》,《人民日报》2013年10月22日。

3. 激发创新第一动力，必须深化创新体制机制改革

深化创新体制机制改革，激发全社会的活力和动力，就必须完善和落实鼓励创新的各种激励政策。要抓紧梳理现有的政策制度，对束缚创新的陈规旧章加以修改或废止，对阻碍释放创新活力的管理环节坚决砍掉。同时，还要加大科技管理制度的改革，把从重视过程管理的绩效评价转变为注重结果的绩效评价，让创新团队和领军人才在人财物的支配、技术路线决策方面拥有更多的自主权和更大的决策权；对科研人员尤其是承担重大科技攻关项目的人员和团队，在薪酬制度和奖励措施设计上可以采取更灵活的方式，也可以探索建立赋权分成制度，把一部分科技成果所有权和长期使用权赋予科研人员，不断提高科研人员创新的积极性。

五、必须用好改革开放这“关键一招”，用进一步改革开放倒逼质量提升

改革开放是决定当代中国命运的关键一招，也是实现中华民族伟大复兴的关键一招。改革开放 40 年来，我们的成就令世人惊叹：经济总量达到 80 万亿元，稳居世界第二，人均 GDP 超过 8800 美元，7 亿多贫困人口实现脱贫，世界经济超过 30%的增长率是由中国经济增长贡献的。因此，不论从经济社会发展的宏观角度审视，还是从居民生活变化的微观角度考察，都可以发现改革开放这“关键一招”，深刻改变了当代中国以及中国人民的命运，同时也对世界发展的进程产生了深刻影响。我们要继往开来，接续 40 年的伟大成就，在新时代实现中国经济高质量发展，建设中国特色社会主义伟大事业，就必须用好改革开放这“关键一招”。

1. 必须认识和把握改革开放的长期性

发展是一个动态过程，只有准确判断，不断适应新形势、新变

化，才能掌握发展的主动权。邓小平同志在20世纪80年代曾经说过:“改革的意义，是为下一个十年和下世纪的前五十年奠定良好的持续发展的基础。没有改革就没有今后的持续发展。所以，改革不只是看三年五年，而是要看二十年，要看下世纪的前五十年。这件事必须坚决干下去。”①

习近平总书记强调指出:“实践发展永无止境，解放思想永无止境，改革开放也永无止境，停顿和倒退没有出路。”②“改革开放是一项长期的、艰巨的、繁重的事业，必须一代又一代人接力干下去。”“改革开放只有进行时没有完成时。”③目前，我国的基本国情和国际地位没有变，仍处于并将长期处于社会主义初级阶段，并且仍是世界最大的发展中国家。必须始终坚持以经济建设为中心，牢牢把握发展是解决一切问题的“总钥匙”，不断推进改革开放，坚定不移办好自己的事情。“只有改革开放才能发展中国、发展社会主义、发展马克思主义。”④这一条，任何时候都必须始终坚持，不可动摇。

2.必须强化问题意识与问题导向

“中国共产党人干革命、搞建设、抓改革，从来都是为了解决中国的现实问题。可以说，改革是由问题倒逼而产生，又在不断解决问题中得以深化。”⑤在决胜全面建成小康社会阶段，如何进一步破除体制机制弊端，推进全面深化改革；怎样在教育、医疗、

① 《邓小平文选》第3卷，人民出版社1993年版，第131页。

② 习近平:《增强改革的系统性整体性协同性　做到改革不停顿开放不止步》，《人民日报》2012年12月12日。

③ 《习近平谈治国理政》，外文出版社2014年版，第67、69页。

④ 习近平:《决胜全面建成小康社会　夺取新时代中国特色社会主义伟大胜利——在中国共产党第十九次全国代表大会上的报告》，2017年10月18日。

⑤ 习近平:《改革是由问题倒逼而产生》，《党政论坛(干部文摘)》2013年第12期。

环境等方面补足发展的短板，更好地满足人民美好生活需要；如何打赢防范化解重大风险、精准脱贫、污染防治“三大攻坚战”……可以说是“入之愈深，其进愈难”，新时代改革任务面临的都是难啃的硬骨头。

“现在，推进改革开放有了更坚实的基础，但改革开放越往纵深发展，发展中的问题和发展后的问题、一般矛盾和深层次矛盾、有待完成的任务和新提出的任务越交织叠加、错综复杂。改革开放中的矛盾只能用改革开放的办法来解决。”①面对新时代的新挑战、新任务，我们要勇于面对、善于破解新的问题清单。正视问题折射勇气和自信，解决问题更显责任和担当。我们只有正视存在的问题，事不避难，聚焦突出问题发力改革，抓实改革任务，落实改革举措，加大督察力度，推动各项改革措施落地见效，才能更好地推动我国经济行稳致远，迈向高质量发展阶段。

3.必须解放思想、敢于担当

解放思想，是我们党改革开放以来一以贯之的思想路线，也是我们党领导的改革开放继续前行的起点。思想是行动的先导，思想是否解放直接决定着行动能否有突破；没有解放思想，我们就不能认识清楚种种利益固化的症结所在，也就难以找准改革的突破方向和着力点，也就无法采取有针对性的改革举措。因此，习近平总书记指出：“冲破思想观念的障碍、突破利益固化的藩篱，解放思想是首要的。”②

解放思想，要有时不我待的历史紧迫感，更要有勇于破除既得利益的决心。改革者必须着眼于人民群众对公平正义的追求，

---

① 习近平：《在十八届中央政治局第二次集体学习时的讲话》，人民网，2012年12月31日。

② 《习近平谈治国理政》，外文出版社2014年版，第87页。

勇于自我革新,敢于突破条框限制,才能摆脱狭隘的部门利益和局部利益的掣肘,实现以人民为中心的可持续发展。“搞改革,现有的工作格局和体制运行不可能一点都不打破,不可能都是四平八稳、没有任何风险。只要经过了充分论证和评估,只要是符合实际、必须做的,该干的还是要大胆干。”[①]实践已经证明,如果没有小岗村的十八个手印,没有农村家庭联产承包责任制的突破,就无法充分释放蕴藏于亿万农民身上的生产潜力。如果不加入世贸组织,融入全球竞争体系,中国就不能分享经济全球化带来的红利。正是看到这一点,《中国大趋势》的作者约翰·奈斯比特才在书中感叹:“解放思想是中国社会变革中第一个也是最重要的支柱。”

“只要有利于解放和发展社会生产力,只要有利于推动经济社会持续健康发展,只要有利于实现好、维护好、发展好最广大人民根本利益,只要有利于巩固党的执政基础和执政地位,就要大胆试、大胆闯,就要坚决破、坚决改。”[②]习近平总书记提出的“四个只要有利于”,既是推进改革开放的基本共识,也应成为锐意探索者的底气所在。

---

① 《习近平谈治国理政》,外文出版社 2014 年版,第 87 页。

② 人民日报评论部:《打开解放思想这个“总开关”》,《人民日报》2013 年 11 月 21 日。

主要参考文献

[1]《马克思恩格斯选集》第 1 卷，人民出版社 1995 年版。

[2]《邓小平文选》第 3 卷，人民出版社 1993 年版。

[3]《习近平谈治国理政》，外文出版社 2014 年版。

[4]《习近平谈治国理政》第 2 卷，外文出版社 2017 年版。

[5]《习近平新时代中国特色社会主义思想三十讲》，外文出版社 2018 年版。

[6]山东省人民政府办公厅：《山东省新旧动能转换重大工程实施规划》(鲁政发〔2018〕7 号)。

[7]国家发展改革委、交通运输部、国家铁路局、中国铁路总公司：《铁路“十三五”发展规划》(发改基础〔2017〕1996 号)。

[8]国家发展改革委、交通运输部、中国铁路总公司：《中长期铁路网规划》(发改基础〔2016〕1536 号)。

[9]世界环境与发展委员会：《我们共同的未来》，王之佳、柯金良等译，吉林人民出版社 1997 年版。

[10]刘凤良等：《全球技术进步放缓下中国经济新动能的构建》，《经济理论与经济管理》2016 年第 12 期。

[11]高中东：《从深圳经验看山东新旧动能转换》，《理论学

习》2017 年第 9 期。

[12]黄少安:《新旧动能转换与山东经济发展》,《山东社会科学》2017 年第 9 期。

[13]李佐军:《新旧动能转换是决胜之举》,《中国中小企业》2018 年第 1 期。

[14]尚昀:《着力推进新旧动能转换　促进山东经济转型升级》,《理论学习》2017 年第 11 期。

[15]邵晓燕:《新旧动能转换背景下的区域经济发展——以青岛市即墨区为例》,《青岛行政学院学报》2018 年第 2 期。

[16]滕泰:《新旧动能转换需找准发力点》,《经济参考报》2017 年 8 月 21 日。

[17]汪燕:《迈出新旧动能转换的步伐》,《浙江经济》2016 年第 20 期。

[18]王小广:《新旧动能转换:挑战与应对》,《人民论坛》2015 年第 12 期。

[19]张德艳:《山东新旧动能转换的实现路径》,《发展改革理论与实践》2017 年第 11 期。

[20]张立群:《经济新旧动能转换,如何缩短“阵痛期”》,《中国经济周刊》2016 年第 22 期。